Bekenntnisse einer Geizigen

edition ebersbach

Für Vlad,
für Pierre (den Homo magnanimus), für Josette,
für meine Brüder, meine Schwester,
meinen Vater und meine Mutter,
Mylène, Jean-Christophe und Romy

Catherine Cusset

Bekenntnisse einer Geizigen

Aus dem Französischen von Daniela Koch

edition ebersbach

Bloch Vater, um sich den beiden Besuchern seines Sohnes von der Seite wahrhaft königlicher Gastfreundschaft zu zeigen, gab den Auftrag, den Champagner zu bringen und ließ die Mitteilung einfließen, er habe, um uns »etwas zu bieten«, drei Plätze für die Aufführung genommen, die das Ensemble der Opera-Comique an diesem Abend im Kasino gab. Er bedauerte, dass er keine Loge bekommen habe. Die Plätze seien bereits alle verkauft gewesen. Im übrigen habe er häufig die Erfahrung gemacht, dass die Orchestersitze besser seien. Nun war, wenn der Fehler des Sohnes, den er den anderen verborgen glaubte, in seiner Ungehobeltheit bestand, der des Vaters der Geiz. Daher ließ er dann auch unter dem Namen Champagner uns aus einer Karaffe einen kleinen Mousseux einschenken und unter der Bezeichnung »Orchesterfauteuils« um die Hälfte billigere Parkettsitze für uns reservieren, von der Gottheit seines Lasters geradezu mystisch davon überzeugt, man werde weder bei Tisch noch im Theater (wo alle Logen unbesetzt waren) den Unterschied bemerken.

MARCEL PROUST

Wer es als erstes gesagt hat, war das Papa: »die Ameise«. Weder lobend noch tadelnd. Eher im Ton einer amüsierten Feststellung. Und im Ton dessen, der sich nicht täuschen lässt: Ich kann sie sehen, all deine kleinen Goldhaufen ... und sage nichts. Denn, es ist wohlbekannt, dass allein die Wahrheit beleidigt.

Auch Bewunderung steckt in dem Ton von Papa, wenn er sieht, wie ich mich durchschlage. Um sie braucht man sich keine Sorgen zu machen. Nicht nötig für sie zu sparen, für den harten Winter nach dem Sommer, wenn ein eisiger Wind blasen wird. Eine Ameise.

Kürzlich ist mir klar geworden, dass ich lieber als Grille zur Welt gekommen wäre.

1

Die Anfänge einer Geizigen

Nathalie und ich, wir klauen, da sind wir zehn. Jeden Tag nach der Schule unternehmen wir Streifzüge durch den Euromarché. Was mir am Klauen gefällt, das ist der Gedanke, nicht zu bezahlen: eine neue, noch in ihrer Verpackung steckende Sache ganz kostenlos zu haben. Was ich hingegen gar nicht mag, ist die Angst, die beim Klauen aufkommt, jene Minuten, in denen man, so unauffällig wie möglich, das Geschäft verlässt. Das Herz pocht heftig, wie beim Anfang von *Midnight Express*, für dessen Musik ich mit sechzehn schwärmte; die Finger zittern und ein falsches Lächeln verzieht die Lippen, während die Hand mit einer mechanischen Bewegung den Schokoriegel auf das schwarze Warenband schiebt, fünfzig Centimes, die wir zahlen, um – die Taschen voller Diebesgut – unbehelligt durch die Kasse zu gelangen. Dann heißt es, ruhig Blut bewahren und sich in Richtung gläserne Schiebetür bewegen, sie durchschreiten, sich unauffälligen Schrittes ein paar Meter weit entfernen und dann nur noch rennen, wie eine Besessene rennen.

Ich tue das nicht um des Kitzels willen. Den hasse ich. Mir würde es genügen, wenn Nathalie für mich klauen könnte. Nathalie ist viel kühner als ich. Als ich an einem Marktstand einen Stoß Körbe entdecke, genau die gleichen, wie sie einen seit kurzem hat, fragt sie mich: »Gefallen sie dir?« Ich antworte ja. Und ohne mich weiter als nur mit den Worten »Auf die Plätze« vorzuwarnen, stürzt sie darauf los, reißt einen an sich und macht sich, nachdem sie mir gerade noch: »Lauf!« zugeschrien hat, davon. Wir flüchten uns fünfhundert Meter weiter in ein Schuhgeschäft, außer Atem, mit brennender Kehle, Angst im Bauch. »Bist du verrückt?« sage ich. »Verrückt, vollkommen verrückt?« Als einzige Antwort überreicht sie mir mit einem breiten Lächeln das Corpus delicti. Sehr schwer, dabei böse zu bleiben. Nun habe ich einen Korb wie sie, total modern, mit langen Lederriemen, den man wie eine Tasche über die Schulter hängt – gratis.

Wer sich daran gewöhnt, die Dinge gratis zu bekommen, sieht nicht mehr ein, warum er sie bezahlen soll.

Die meisten unserer Diebstähle vollziehen sich in der Schreibwarenabteilung. Stifte faszinieren mich. Das sind meine Fetische. Ich mag sie glänzend, modern, in den neusten Farben, mit Radiergummi und Ersatzminen. Anspitzer mag ich auch, alles, was ins Federmäppchen gehört. Für meine Brüder klaue ich ebenfalls, Kinderbücher, kleine Spielsachen, vor allem Pistolen in diesen Verpackungen aus Pappe und Plastik – all jene Dinge, die unsere Eltern uns im Supermarkt verwehren. Mir jedenfalls kommt es so vor, dass meine Brüder eine glücklichere Kindheit haben, wenn sie nicht darauf verzichten müssen.

Nathalie und ich haben noch ein anderes Verfahren entdeckt: die Manteltaschen unserer Schulkameraden ausräumen.

Es ist die Zeit, als die Mäntel an einer Hakenreihe vor den Klassenzimmern hängen. Man braucht nur während der Stunde zu fragen, ob man hinausgehen darf, man hätte Bauchschmerzen. Auf dem Flur herrscht Stille. Kein menschliches Wesen zu sehen, nicht einmal die bedrohliche Gestalt des schrecklichen Hausmeisters mit dem Igelhaarschnitt. Als Vorsichtsmaßnahme gilt: sich nur an die Mäntel einer anderen Klasse, auf einer anderen Etage heranmachen. Mit leisem Schritt schleicht man über das Parkett des Flurs, man geht die große Steintreppe hoch oder runter, man läuft durch einen anderen menschenleeren Flur, und, nach rechts und links blickend, steckt man schnell die Hand in die

Taschen der an den Haken hängenden Mäntel. Das Herz rast wie verrückt. Sollte man überrascht werden, wäre eine größtmögliche Unschuldsmiene aufzusetzen: »Ich suche mein Taschentuch, Monsieur.« Unvorstellbar was passieren würde, wenn sich herausstellte, dass man da gar nicht in den Taschen des eigenen Mantels sucht, und, noch dazu, gar nicht vor dem richtigen Klassenzimmer.

In der Pause setzt Nathalie ein triumphierendes Lächeln auf. Die Jagd war erfolgreich: ein Fünfzig-Francs-Schein.

In meinen Pupillen blitzen Dollarzeichen auf, wie bei den Comicfiguren. Ich bebe vor Angst, Erregung und Trunkenheit. »Fünfzig Francs? Die hast du genommen?« – »Na klar!« Sie lacht über meine Naivität. »Aber was sollen wir jetzt damit machen?« – »Na, zuerst mal teilen.« Wenn ich jemals Skrupel hatte, nun, bei dem Gedanken an die fünfundzwanzig Francs, die bald meine sein würden, waren sie jedenfalls verflogen. Nach der Schule sind wir in den Süßwarenladen direkt gegenüber gelaufen. Und haben nichts geklaut, trotz der vielen Kunden im Geschäft, was das Stibitzen zum Kinderspiel macht. Jede von uns hat eine Papiertüte gefüllt, mit sauren Stäbchen, mit Zuckererdbeeren, mit Schokoladenbärchen, gebrannten Erdnüssen und Lakritzschnecken. Mehr Süßigkeiten, als ich jemals hatte. Zusammen kamen wir auf mindestens zwei oder drei Francs. Nathalie zog unter dem erstaunten Blick des Zuckerbäckers den Fünfzig-Francs-Schein aus ihrer Tasche. Ich sah gierig zu, wie sie ihre Hand ausstreckte, um das Wechselgeld zu nehmen. Draußen gab sie mir meinen Anteil. Ich war noch nie so reich gewesen.

In der Schule wurde einige Tage nach unserem Coup eine Geschichte bekannt, die sich wie ein Lauffeuer verbreitete. Einem kleinen Mädchen waren aus der Manteltasche fünfzig Francs gestohlen worden, die Ersparnisse eines ganzen Jahres. Sie hatte diese Summe dabeigehabt, um an jenem Tag nach der Schule die Weihnachtsgeschenke für ihre Familie zu kaufen. Ich glaube sogar, dass das kleine Mädchen arm war, die Tochter einer Pförtnerin oder einer Reinemachefrau. Seit dem Diebstahl blieb sie zu Hause, krank. Die ganze Schule entrüstete sich: Wer konnte nur so gemein sein und Kinder bestehlen? Man riet uns zur Wachsamkeit.

Auf Nathalies und meinem Gesicht stand das Entsetzen. Ich war wirklich entsetzt. Ich dachte an das kleine Mädchen, das aus dem Klassenzimmer kommt und in die leere Manteltasche greift – an ihre Not.

Ich dachte auch an unseren Auftritt im Süßwarengeschäft: wie unvorsichtig waren wir gewesen!

Wochenlang bin ich nicht mehr zum Zuckerbäcker gegangen.

Arielle L., dessen Enkelin. Im dritten oder vierten Schuljahr. Wir sind in einer Klasse. Da ihre Mutter arbeitet, geht sie nach der Schule zu ihren Großeltern und macht im Hinterzimmer des Ladens ihre Aufgaben. Ich finde es ein bisschen langweilig mit ihr. Sie klaut nicht. Sie liest nicht. Ich weiß nicht viel mit ihr zu reden. Aber nach der Schule gehe ich mit. Sie darf an die Bonbongläser. Sie steckt die Hand hinein und bedient sich. Diese Geste fasziniert mich. Sie fragt mich, was ich will. Niemals gehe ich bis zum Äußersten, aus Furcht, meine wahren Motive sie zu begleiten, könnten ans Licht kommen.

»Kommt mal bitte mit.« Sie erwarten uns hinter den Kassen. Zwei Männer. Wir sind elf Jahre alt. An Weglaufen ist nicht zu denken.

Da sitzen wir nun mit zwei Detektiven in einem schmucklosen Büro des Euromarché. Verstummt, jenseits von Angst und Schrecken. Erst ein paar Monate zuvor hatte uns ein Mädchen, dem Nathalie gezeigt hatte, wie man Anspitzer klaut, verpetzt. Dem folgte eine Konferenz der beiden Familien am Telefon: das Verbot uns zu sehen, die Pflicht sofort nach der Schule nach Hause zu kommen und – beim kleinsten Rückfall

– das Internat. Die Angst vor den Drohungen meiner Eltern hält sich in Grenzen, aber Nathalies Mutter, eine korpulente Russin, geschieden, mit langen roten Haaren, krächzender Stimme und immer einer Zigarette im Mund, beliebt nicht zu scherzen. Wenn sie schreit, ist es furchtbar. Zweifellos wird ihr Zorn alles, was wir uns vorstellen können, übertreffen. Das kann ich in Nathalies verfinsterten Augen sehen.

Die Detektive durchsuchen systematisch unsere Schulranzen. Auf dem Tisch sammeln sich die beschlagnahmten Objekte aus Nathalies Tasche. Der Mann, der sich mit meiner beschäftigt, hat noch nichts gefunden. Über mein Mäppchen gekauert öffnet er den Reißverschluss und holt die Stifte heraus. Ich sage spöttisch: »Wo Sie einmal dabei sind, warum schrauben Sie nicht gleich meinen Füllfederhalter auf? Vielleicht steckt ja da etwas drin!« – »Willst du eine Tracht Prügel?« Noch nie hatte jemand in solch einem Ton zu mir gesprochen. Ich gebe patzig Antwort und weiß, dass er sie mir geben wird, auf den nackten Hintern. Tränen strömen aus meinen Augen. Ich flehe, dass er nichts davon meinen Eltern sagen soll, ich verspreche, dass ich nicht mehr klauen werde, nie wieder. Nathalie, die Standhafte, mit aufeinander gepressten Zähnen und festem Blick, sagt kein Wort, vergießt keine Träne. Draußen wird sie mir heftig vorhalten, vor ihnen geheult, gekniet, sie sogar angefleht zu haben. »Aha, du bist eine ganz Raffinierte!« ruft der Detektiv mit vernehmbarer Genugtuung aus, nachdem er mir den Mantel ausgezogen hat, daraufhin die Taschen meiner Schulbluse durchsucht und dort die Stifte findet, die ich geklaut habe.

Sie tragen unsere Namen und Adressen in Formulare ein, die wir zu unterschreiben haben, und sagen uns, dass sie unsere Eltern schriftlich verständigen werden.

Am selben Abend lege ich zu Hause ein Geständnis ab.

Nathalie sagt nichts. Sie wartet auf den Brief. Jeden Abend betritt sie in Panik die Wohnung. Tage vergehen, Wochen. Unsere Eltern haben nichts bekommen. Die Detektive des Euromarché müssen zu dem Schluss gekommen sein, dass der Schreck wirksam genug war.

Mit zehn Jahren richtet sich meine Begierde nicht auf das Geld, sondern auf die Schokolade, die man dafür kaufen kann.

Diese Leidenschaft teile ich mit meiner Großmutter väterlicherseits. Ich sehe sie nur im Sommer und in den Osterferien, in der Bretagne, in dem großen Steinhaus nahe am Strand, wo sie das ganze Jahr über wohnt. Seit ihrem Schlaganfall ist sie sehr geschwächt, kann nicht mehr lesen und nur noch schwer laufen. Meist sieht sie fern, macht kurze, langsame Spaziergänge. Sie sitzt in ihrem mit beigem Velours bezogenen Sessel aus dunklem Holz, klopft mit ihrer adrigen, zur Faust geformten Hand auf die Armlehne und ruft mit heller, zitternder Stimme, wie ein Kind, das sich auflehnt: »Ich will sterben! Ich will nicht mehr!« Mir fällt nichts ein, was ich ihr Tröstendes sagen könnte. Ihr Leben muss schrecklich traurig sein, das ganze Jahr allein in diesem großen Haus, ohne lesen zu können, nur mit dem Hund und der Köchin.

Unsere Besuche lenken sie ab, strengen sie aber auch an. Ich nicht. Ich strenge sie nicht an. Ich bin ihr Lieblingsenkelkind. Die Einzige, die von ihr Notiz nimmt, die ihr ein wenig von ihrer so kostbaren schönen Zeit abgibt, eine Stunde meines Tages. Wir gehen zusammen spazieren. Halb stützt sie sich auf mich, halb auf ihren hölzernen Stock. Wir machen ganz kleine Schritte. Unsere Spaziergänge haben ein Ziel, immer dasselbe, sei es am Zeitungskiosk nicht weit vom Grand Hotel de la Mer, sei es im Geschäft an der Strandpromenade: wir gehen Schokolade kaufen.

Ein Stück Nougat, eine Suchard-Praline, ein Mars oder ein Täfelchen Puffreisschokolade. Wir essen unterwegs und wir heben auch etwas auf. Zu Hause versteckt meine Großmutter schnell das, was übrig geblieben ist, in ihrem Zimmer.

Sie darf nichts Süßes essen: sollte die Köchin die Schokolade bei ihr finden, wird sie gleich konfisziert. Ich passe auf, wo meine Großmutter sie versteckt. Dank des Schlaganfalls hat sie das Gedächtnis verloren. Ich habe also überhaupt keine Skrupel, am nächsten Tag, während sie unten ist und fernsieht, in ihr Zimmer zu gehen, um zwischen den Decken im Schrank oder den Puderdosen im Badezimmer zu stöbern. Und mir die versteckte Schokolade zu nehmen.

Als wir zu einem dieser Spaziergänge aufbrechen, sagt meine Großmutter, dass wir vorher bei Onkel Paul vorbeizugehen hätten. Sie muss ihn um Geld bitten. Da man sie verdächtigt, dass sie das Geld nach Lust und Laune ausgibt, untersteht sie nun der Vormundschaft ihres jüngeren Bruders. Eingehakt betreten wir das schöne Steinhaus des Onkels, der immer äußerst elegant gekleidet ist. »Ich habe der Kleinen versprochen, ihr ein Geschenk zu kaufen«, sagt meine Großmutter. Nie habe ich sie mit solch einer Stimme sprechen hören: bettelnd, flehend, schmerzvoll vor Demütigung. Onkel Paul protestiert und erinnert sie daran, dass sie erst vor zwei Tagen gekommen sei und nach Geld gefragt habe. »Das ist doch mein Geld!« schreit sie, meine sonst so sanfte Großmutter, mit dieser Wut, die auch in ihren Worten *Ich will sterben* steckt, die mich so erschreckt haben. »Das ist mein Geld, und ich mache damit, was ich will, ich habe der Kleinen ein Geschenk versprochen!«

Ich halte den Kopf gesenkt. Ich wage nicht, Onkel Paul anzusehen. Ich hoffe, er wird nachgeben. Wenn nicht, kein Geschenk und der ganze Spaziergang umsonst.

Er gibt nach. Nach dem Dankeschön und dem Versprechen, dass man in dieser Woche von weiteren Anfragen absehen werde, ziehen wir, meine Großmutter und ich, demütig aber triumphierend auf die Strandpromenade. Sie geht langsam. Ich zügle meine Ungeduld. In den Regalen des Geschäfts suche ich nach einem Geschenk. Draußen nur Eimer, Schaufeln und Bojen, es gibt nichts Besonderes: Modellboote, Schiffe in Flaschen, Bilder aus Muscheln, Plastikmöwen auf Holzbrettchen und bretonische Sammelpuppen.

Ich entscheide mich für eine Puppe mit Haube, in einer länglichen, durchsichtigen Schachtel, eines dieser Art Dinge, die völlig unnütz sind, und wenn eine Freundin meiner anderen Großmutter mir solch eine Puppe von einer Reise mitgebracht hätte, sie wäre mit Sicherheit im Mülleimer gelandet. Diese Puppe kann ich überhaupt nicht gebrauchen, sie bringt mir gar nichts, aber es ist mir unmöglich, auf ein Geschenk zu verzichten oder auch nur unter dem Betrag zu bleiben, den man mir gewährt hat.

Wie oft habe ich meine Großmutter mit dem Ziel der Schokolade vor Augen begleitet? Nicht allzu oft, nein, trotz meiner Gier nach Süßem. Von morgens bis abends war ich am Strand und von dort nicht wegzureißen. Das Wühlen zwischen den Wäschestößen im Schrank, da, wo sicher die Schokolade vom Vortag versteckt war, ist bestimmt nur einmal vorgekommen.

Vor dem Hintergrund meiner sonst nur schemenhaften Erinnerung an die Sommerferien meiner Kindheit heben sich diese Taten in deutlichen Umrissen und leuchtenden Farben ab, zweifellos, weil meine Scham so groß war an dem Tag, als ich den Schrank aufmachte, um meine Großmutter ihrer einzigen Freude, die ihr im Leben noch geblieben war, zu berauben, ich, ihr Lieblingsenkelkind.

Ob einmal oder mehr als einmal, das ist egal: ich bin eine, die in fremden Schränken wühlt.

Das letzte Mal ist es in einer großen Buchhandlung im Quartier Latin. Ich bin dreißig, verheiratet, Universitätsdozentin, Autorin eines Romans. Ich habe die Weihnachtsferien in Paris verbracht und fliege am nächsten Tag nach New York zurück. Ich betrachte die ausgelegten Neuerscheinungen. Ein Buch zieht meinen Blick an. In den Autor war ich mit achtzehn leidenschaftlich verliebt. Die erste Seite gefällt mir. Ich nehme es.

Ich suche noch ein paar andere Bücher aus und bezahle sie mit meiner amerikanischen Kreditkarte, die dem Verkäufer auffällt. Ich bin elegant gekleidet, mit Plüschmantel und Hut. Der Verkäufer ist ein schöner, intelligent aussehender junger Mann – sicherlich ein Student. Wir plaudern. Ich erzähle ihm, dass ich Französin bin, dass ich in New York lebe, an der Universität lehre und dass ich auch schreibe. Er lobt meine Entscheidung für das Buch meines Freundes, das er gelesen hat. Ich enthülle ihm, dass ich mit dem Autor in eine Klasse gegangen bin: »Wir saßen immer nebeneinander, er hat seine Aufzeichnungen in Alexandrinern verfasst, mit ihm wurde es nie langweilig!« Der junge Mann scheint beeindruckt.

Ich habe noch gar keine Lust, diese Buchhandlung zu verlassen, wo die Verkäufer so sympathisch sind. Hier werde ich, sage ich mir, von nun an alle meine Bücher kaufen, wenn ich in Paris bin. Ich werfe einen letzten Blick in die Regale. Und entdecke einige Bücher eines Schriftstellers, von dem ich vor ein paar Jahren einen Roman sehr gemocht habe. Das sind kleine Bücher, relativ teuer, sicherlich, weil sie auf Velinpapier gedruckt sind und Gravuren enthalten. Als Taschenbücher wären sie mir lieber. Ich weiß nicht, welches ich nehmen soll. Ich stelle fest, dass bei einem der Sicherheitscode nur auf das Etikett gedruckt ist, anstatt auf den Umschlag selbst wie bei den anderen Büchern. Sofort kommt mir die Idee, das Etikett abzuziehen und das Buch zu klauen, während ich die beiden anderen kaufen werde. Drei Bücher zum Preis von zweien scheint mir gerechtfertigt für das bisschen Text, das sie enthalten.

Während ich so tue, als würde ich die Titel im Regal betrachten, löse ich unschuldig dreinblickend mit dem Zeigefingernagel eine Ecke des Etiketts und ziehe es vorsichtig ab. Operation beendet forme ich das Klebeschild zur Kugel, die ich hinter dem Regal entsorge. Das Buch ohne seine elektronische Schutzvorrichtung scheint mir nun bereit dazu, in aller Sicherheit geklaut zu werden. Ich lockere einen Griff meiner Plastiktüte mit dem Buchhandlungssignet, voller Bücher, die ich soeben bezahlt habe. Die Nase in der Luft und die Augen auf einen scheinbar interessanten Titel gerichtet, lasse ich diskret das schmale Büchlein in meiner Tasche verschwinden. Ich stelle mich wieder an, um die beiden anderen zu bezahlen. Jetzt ist jemand anderer an der Kasse, ein junges Mädchen. Die Leute vor mir kaufen ihre Bücher, um sie zu Neujahr zu verschenken und lassen sie in hübsches Papier einwickeln. Ein Mann kommt zu nah an die Sicherheitsschranke und löst den Alarm aus. Alle schauen ihn an. Er fährt zurück, entschuldigt sich. Die Verkäuferin lächelt ihn an. Mein Herz rast. Meine Augen sind voll beklemmender Angst auf die zwei weißen Stangen gerichtet, die den Ausgang einrahmen. Ich wünschte, sie lägen bereits hinter mir. Ich habe schreckliche Angst. Aber es besteht kein Risiko: der gefährliche Aufkleber ist entfernt. Es gibt also überhaupt keinen Grund, dass der entsetzliche, verräterische Alarm ertönt. In New York, ein paar Jahre zuvor, habe ich einen dicken, schwarzen Mohair-Pullover geklaut, nachdem ich bemerkt hatte, dass bei ihm die weiße Plastiksicherung, die bei allen anderen Teilen des Geschäfts angebracht war, fehlte. In dem Moment, als ich das Geschäft mit dem Pullover verließ, den ich in der Kabine unter meinen Mantel gezogen hatte, habe ich dieselbe Furcht ausgestanden; eine Minute später fand ich mich auf der Straße wieder, mit einem wunderbaren Pullover für siebzig Dollar, gratis: mein Tag war genutzt. Ich bezahle, lächle die Verkäuferin an: nein danke, keine neue Tüte, ich stecke die Bücher dazu. Ich mache einen Schritt Richtung Ausgang. Eine Sekunde. Ich passiere die Schranke. Der Alarm ertönt.

Im selben Moment betreten und verlassen andere Leute das Geschäft. Ich hätte stehen bleiben, mich mit erstauntem, verwirrten Gesicht zur Kasse umdrehen können: »Bin ich das?« Das kann jedem einmal passieren, dass er den Alarm auslöst, wenn er durch die Schranke geht, obwohl er seine Einkäufe redlich erworben hat, ja sogar, dass ein Büchlein, das er nicht bezahlt hat, aus Versehen in seine Tasche rutscht. Aber ich denke sofort daran, dass mich das abgeknibbelte Etikett verraten wird. Ohne länger zu überlegen stürze ich los. Ich nehme die Beine in die Hand, biege nach rechts und laufe den Boulevard hinunter, schlängle mich zwischen Touristen und Passanten hindurch. Brutal remple ich sie an, ohne mich zu entschuldigen. Noch nie bin ich so schnell gerannt, mit solch Riesenschritten gerannt. Ich renne um mein Leben. Plötzlich legt sich eine Hand auf meine Schulter. »Madame! Sie haben etwas gestohlen!«

»Madame«. Ich hasse dieses Wort. Ich bin dreißig Jahre alt, aber daran kann ich mich nicht gewöhnen. Ich drehe mich um. Es ist der junge Mann von eben. Er ist in Hemdsärmeln, hochgekrempelt, an diesem kalten Dezembertag. Und ganz außer Atem, wie ich. Er ist wirklich schön. »O.k.«, sage ich mit einer Stimme, die von Scham und Angst ganz verändert klingt, »ich habe ein Buch eingesteckt, ohne es zu bezahlen. Ich weiß nicht, warum ich das gemacht habe. Es tut mir leid, wirklich leid.« Beim Aussprechen dieser Worte fühle ich mich erbärmlich. Ich hole das Buch aus meiner Tasche und gebe es ihm. Er wirft einen Blick darauf. Dann bittet er mich, meine Tasche aufzuhalten. »Die anderen habe ich bezahlt: Sie können mir vertrauen.« – »Sie meinen also, man könnte Ihnen vertrauen!« Er lächelt spöttisch. Ich halte den Blick gesenkt. Zwei Minuten lang stehe ich ihm, mitten auf dem Boulevard, gegenüber, während rechts und links die Leute vorübergehen und uns anschauen, und lasse schweigend diese Demütigung über mich ergehen: den Kassenbon in der Hand vergleicht er die aufgeführten Beträge mit den Büchern in der Tasche. »Es ist in Ordnung.« Er geht mit dem geklauten Buch fort, nachdem er hinzugefügt hat: »Sie sollten sich schämen. Sie, die Sie selber schreiben und all die Schwierigkeiten der kleinen Verlage und der unabhängigen Buchhandlungen kennen!«

Fast taumelnd bleibe ich auf dem Boulevard zurück, das Herz vor Erregung flatternd, die Wangen puterrot. Zitternd stecke ich mir eine Zigarette an. Gierig ziehe ich daran und mache mich schnell davon. Ich gehe lange, ohne zu wissen wohin, mitunter laut vor mich hin sagend: »Oh mein Gott, mein Gott!« Für den Rest des Tages und noch den ganzen nächsten Tag lässt jede Erinnerung an diese Szene mir die Wangen erglühen, als hätte man mir gerade eine Ohrfeige verpasst.

Am nächsten Tag sitze ich, zum Glück, im

Flugzeug, das mich nach New York zurückbringt und weit weg von dem Ort, wo ich einem Mann meinen Namen, Informationen über meine Vergangenheit und das Recht mich zu verachten gegeben habe.

Ich habe nie wieder diese Buchhandlung betreten. Ich habe nie das an diesem Tag geklaute Buch gelesen, auch nicht die beiden anderen, die ich bezahlt habe. Ich habe nie wieder geklaut.

Stimmt nicht. Im Supermarkt, wenn ich meinen Einkaufswagen auffülle, lasse ich, manchmal, etwas Kleines in meiner Manteltasche verschwinden: eine Zwiebel für fünfundzwanzig Centimes, eine Knoblauchknolle, ein Döschen getrocknete Kräuter für vier oder fünf Francs. Wieder ein bisschen gespart.

Ein letztes Geständnis habe ich abzulegen. Entsetzlich, auch das.

Ich bin neunzehn Jahre. Verbringe den Juli in einem Landhaus, wo ich, königlich bezahlt, zwei kleine Mädchen betreue. Während der Woche bin ich mit ihnen allein, am Wochenende kommen die Mutter, eine geschiedene Psychoanalytikerin, und ihr Freund dazu. Ich habe mich in die Psychoanalytikerin verliebt. Ihre Gegenwart versetzt mich in unglaubliche Gefühlszustände. Mit brennender Ungeduld erwarte ich ihre Ankunft. Abends laden mich die Erwachsenen an ihren Tisch ein. Sie führen intellektuelle Diskussionen, denen ich kaum folge. Ich wünsche nur, immer in ihrer Nähe bleiben zu dürfen, sie zu sehen, ihr zuzuhören. Als der Juli zu Ende ist, bin ich tief betrübt.

Im September klingelt in Paris das Telefon. Die Psychoanalytikerin bittet mich, am kommenden Samstag ihre Kinder zu hüten.

Nichts könnte mich mehr entzücken. Sie wiedersehen, herausfinden, wie sie lebt – ihr Zimmer betreten!

In dieser mit Büchern vollgestellten Altbauwohnung gehe ich von einem Zimmer ins andere. Ich schaue mich um. Auf ihrem Schreibtisch entdecke ich einen Hundert-Francs-Schein, achtlos hingelegt zwischen Lampe und Falzbein. Es sieht so aus, als hätte ihn jemand dort hingelegt – und vergessen.

Wer hundert Francs so herumliegen lässt, der braucht auf Geld nicht zu achten. Wieso sollte sie sich an diesen Schein erinnern? Außerdem könnte es jeder gewesen sein: die kleinen Mädchen, ihr Bruder, der in meinem Alter ist, oder die Putzfrau. Die Sache ist ohne Risiko.

Ich habe ihn genommen.

Gar nicht unzufrieden, auf diese Weise mein Babysitter-Gehalt verdoppelt zu haben.

Am Abend, als der Moment gekommen war,

mich zu bezahlen, hat mich die Psychoanalytikerin mit ihrer sanften Raucherstimme gefragt, ob ich auf dem Schreibtisch nicht einen Hundert-Francs-Schein gesehen hätte.

Errötend habe ich nein geantwortet. Und zu Boden geschaut. Es gab nichts mehr zu sagen.

Vielleicht hatte sie den Schein absichtlich dort hingelegt: eine Prüfung, die ich bestanden oder, das kommt auf ihre Erwartung an, nicht bestanden hatte.

Sie hat mich nicht mehr gebeten, auf ihre Kinder aufzupassen. Ich habe sie nie wieder gesehen.

Das Babysitten habe ich mit elf angefangen, im Sommer. Das von meinen Eltern engagierte spanische Au-pair-Mädchen ist entschwunden: eine Katastrophe für Mama, die ihren Ferien dasselbe Schicksal blühen sieht. Wir Mädchen sind alt genug, uns selbst zu versorgen. Aber die Jungs beanspruchen ständige Aufmerksamkeit.

Mit ihnen verbringe ich den Tag am Strand. Und brauche wenigstens nicht das zu tun, was alle in meinem Alter tun: den Club-Mickey, die Sandburg-Wettbewerbe, die Mütter, die Familien aufgeben zugunsten eines Boots, das im Wind schaukelt. Meine Schwester, die das Risiko und das Abenteuer liebt und die bereits seit Jahren segelt, kostet meine Eltern wenig: mit vierzehn wird sie Trainerin in der Segelschule. Und ich koste sie nicht nur wenig, durch mich sparen sie sogar.

Papa und Mama bezahlen mich nicht. Geld dafür zu bekommen, dass man auf seine Geschwister aufpasst, entspricht nicht den Prinzipien unserer bürgerlichen katholisch-jüdischen Familie. Am Ende des Sommers machen sie mir ein Geschenk. Das todschicke Sitzkissen aus orangefarbenem Kunstleder, das meine Schwester zum Geburtstag bekommt, kaufen sie mir in grün, für meine erbrachten Dienste. Ich liebe mein Sitzkissen: meine Schwester hat das gleiche, aber meins ist verdient. Doch der wahre Lohn sind die Komplimente, die Mama über mich verbreitet. »Sie ist phantastisch. Es gibt keinen besseren Babysitter als sie. Sie liebt Kinder. Wie sie sich mit ihnen beschäftigt, ganz ausgezeichnet!«

Ich weiß nicht, ob ich Kinder liebe. Ich spiele gern, ich mag Geld und das Lob von Mama.

Bezahlt werde ich für das Babysitten zum ersten Mal mit dreizehn. Ich bin mit meinen Eltern und meiner Schwester in den Bergen. Endlich habe ich durchgesetzt, vom Skifahren befreit zu werden. Denn alles ist mir ein Horror: ausrutschen, hinfallen und dann die Ski- und Sessellifte, die nicht haltmachen, wenn man sich anhängen oder sich draufsetzen will. Meine Schwester erzählt mir, dass sie auf der Piste einen sehr sympathischen Amerikaner kennen gelernt hat, der ganz verzweifelt ist, weil seine Tochter sich gerade die Grippe eingefangen hat, und der nun dringend einen Babysitter braucht. Sie hat an mich gedacht und ihm unsere Telefonnummer gegeben.

Ich warte auf den Anruf. Das würde mir gefallen, Amerikaner kennen lernen, Geld verdienen, diese blöden Ferien einträglich nutzen. Ich frage meine Schwester zweimal: »Hast du denn auch gesagt, dass ich jede Menge Zeit habe und gut mit Kindern umgehen kann?«

Er ruft an. Von morgen an werde ich zu ihnen gehen. Die Wohnung ist riesig und versinkt im Chaos. Skier, Skischuhe, Strümpfe, Klamotten, alles liegt auf dem Boden herum. Die beiden Söhne fordern von ihrem Vater das Geld für die Liftgebühren und die Sandwiches am Mittag. Der Amerikaner zieht einen Bündel Hundert-Francs-Scheine aus der Tasche und gibt jedem ein paar davon, ohne sie auch nur zu zählen. Ich schaue zu, mit aufgesperrtem Mund. Noch nie habe ich gesehen, dass jemand so Geld austeilt. Die Söhne sind kaum älter als ich. Offensichtlich gehören sie einer anderen Rasse an.

Ich bleibe bei dem neunjährigen Mädchen. Sie spricht nicht Französisch und ich spreche nicht Englisch. Sie bringt mir Spiele bei. Für das Mittagessen haben uns ihre Eltern eine große Dose Ravioli hingestellt. Ich kann nicht mit einem Dosenöffner umgehen: ich habe noch nie eine Konservendose aufgemacht. Auch mit Streichhölzern kann ich nicht umgehen. Die Kleine kann das alles.

Es ist nicht klar, wer von uns beiden auf wen aufpasst, aber ich bin es, die vom Vater am Ende der Woche mit tausend Dankesworten eine sehr hohe Summe überreicht bekommt.

Amerikaner habe ich in guter Erinnerung behalten. So lustige und dazu so ertragreiche Winterferien hatte ich noch nie gehabt. Sie machen all die früher erlittenen Demütigungen wett, als man mich zum Skifahren auf die Piste gezwungen hat und ich, auf dem vereisten Hang herumrutschend, weit zurückgeblieben hinter den anderen in der Spur des Skilehrers fahrenden Kindern, Rotz in der Nase und heulend nach meiner Mama rief.

Mit fünfzehn bin ich in den Sommerferien Au-pair-Mädchen in einer großbürgerlichen Familie. Für achthundert Francs im Monat kümmere ich mich sieben Tage die Woche von sieben Uhr morgens bis neun Uhr abends um vier Kinder.

Während das Baby mittags schläft, habe ich den drei Mädchen bei den Ferienaufgaben zu helfen, damit auch jede Minute meiner Zeit ausgenutzt sei. Es ist mit untersagt, am Abend auszugehen, nicht einmal eine kleine Runde am Hafen. Nicht einmal kosten darf ich das, was ich den Mädchen koche. Ich habe Hunger: es kommt vor, dass ich mir heimlich einen Kanten Brot oder einen Löffel Babybrei in den Mund schiebe. Am Strand ist es mir nicht gestattet, mich von dem Platz zu entfernen, den man mir zugewiesen hat. Die Mutter meckert ständig an mir herum: ich brauche zu viel Toilettenpapier, ich verliere zu viel Zeit, wenn ich mit dem Baby herumalbere, während ich es füttere oder auf den Topf setze, usw. Von den Cousins habe ich erfahren, dass das Au-pair-Mädchen vom letzten Sommer nach einer Woche die Flucht ergriffen hat. Gegen Ende des Monats träume ich, dass ich auf dem Klo sitze, und fühle im Traum, wie der warme Urin über meine Schenkel läuft. Als ich aufwache, sind die Laken feucht: das war mir noch nie passiert. Ich gestehe das Missgeschick der Mutter, die schreit und mich vor allen bloßstellt, dass ich ihre Matratze besudelt hätte. Sofort mache ich mein Testament: Sollte ich wieder ins Bett pinkeln, dann stürze ich mich lieber aus der Mansarde dieses hohen normannischen Hauses, als dass ich mir noch einmal das Kreischen dieser Frau und das herablassende Gekicher der Mädchen antue.

Lieber sterben als weggehen. Ich habe nicht gelernt, nein zu sagen. Meine Mutter sagt, eingegangene Verpflichtungen muss man zu Ende bringen. Auch der Gedanke an diese achthundert Francs, die ich nicht in den Wind zu schlagen vermag, hält mich ab.

Nachdem ich selbst einmal wie ein Dienstmädchen behandelt worden bin, habe ich es nicht mehr ertragen, dass die Hausangestellte meiner Eltern mein Bett macht oder meine Sachen aufräumt.

Auch heute schaffe ich es nicht, mir eine Putzfrau zu nehmen – jemanden anzustellen, damit er meinen Dreck wegmacht.

Oder aber, ich nehme es als Vorwand, weil ich es nicht schaffe, jemanden für etwas zu bezahlen, das ich sehr gut selbst tun kann.

Niemals schlage ich ein Babysitting aus, auch nicht, wenn ich vom Tag erledigt bin. Die Versuchung, noch ein bisschen dazu zu verdienen, ist zu groß. Von fünfzehn bis neunzehn bin ich der fest engagierte Babysitter eines jungen Paares aus unserem Haus, das in der Maisonnettewohnung im fünfzehnten Stock wohnt. Bei ihnen gibt es keine Bücher, nur Hefte mit Spionageromanen, von denen ich ein paar lese. Sie leben sportlich und gesund. Ihr Kühlschrank ist hoffnungslos leer, nur ein paar Naturjoghurts, Gurken und Möhren. Ich betrachte ihre Urlaubsfotos an der Pinnwand. Ich versuche mir das Leben eines modernen jungen Paares vorzustellen, dynamisch, sportlich, sympathisch und nicht intellektuell. Sie gehen viel aus und kommen spät zurück: durch sie werde ich reich.

Die Frau ruft mich oft erst im letzten Moment an. Ich komme immer. Ich mache den Jungs das Abendessen und bringe sie ins Bett. Gegen Mitternacht hat der Kleine seinen Alptraum und muss, völlig mitgenommen, zum Pinkeln aufs Klo gesetzt werden. Ich schlafe auf dem Bett der Eltern ein, in dem quadratischen modernen Schlafzimmer, das bis auf dieses Bett, auf dem eine weiße Decke liegt, leer ist. Sie haben mir erlaubt, mich auf ihr Bett zu legen. Sie sind wirklich cool. Wenn es mir zu kalt wird, schlüpfe ich unter den dünnen Überwurf. Es wird mir oft zu kalt. Sie kommen gegen eins oder zwei zurück, wecken mich, bezahlen mich, und ich nehme, halb im Traum, den Aufzug bis zu unserer Wohnung, ziehe mich aus und schlafe wieder ein, um am nächsten Morgen um halb sieben aufzustehen und das Haus um viertel nach sieben zu verlassen.

In einer Nacht schlafe ich so fest, dass ich das Klingeln der Leute, die ihren Schlüssel vergessen haben, nicht höre. Der kleine Junge von vier Jahren macht ihnen die Tür auf. Sie haben Mühe, mich aus dem Schlaf zu reißen. Ich bin entsetzlich beschämt. Sie lachen nur.

Sie bezahlen mich großzügig, runden oft die Summe auf.

Als ich zwanzig bin, fragen sie mich, ob ich in der Silvesternacht auf die Kinder aufpassen kann. Sie zahlen mir fünfhundert Francs. Und haben mir sogar Räucherlachs hingestellt. Mein Freund kommt mit und leistet mir Gesellschaft. Ein bisschen traurig ist es schon, mit zwanzig am Silvesterabend Kinder zu hüten, aber unglücklich bin ich keineswegs: fünfhundert Francs für einen Abend, das ist mehr als lohnend. Besser, als auf eine Party zu gehen. Wir hatten ohnehin nichts vor.

2

Sonderangebote

Wenn Großmutter die Wahl hatte zwischen augenscheinlich ähnlichen oder gleichwertigen Dingen, entschied sie sich grundsätzlich für die teurere Variante.

Nichts ist umsonst auf dieser Welt, das ist sicher.

Ich, ich bin der Verlockung von Sonderangeboten nicht gewachsen.

Eine Freundin, schon etwas älter, besucht mich in New York. Da Amerika nun einmal die Heimat der Cowboys und der Bluejeans ist, hat sie ihrem Mann versprochen, ihm eine Jeans mitzubringen. »Kauf sie nicht hier«, sage ich, »es ist viel zu teuer. Ich weiß ganz preisgünstige Geschäfte. Da kaufe ich auch für meinen Mann die Hosen.« – »Bist du sicher?« Ich habe gar keinen Zweifel. Sie gibt mir die Maße. Ich finde eine Jeans in der passenden Größe, klassischer Schnitt, blau, alles bestens, für nicht einmal zwanzig Dollar. »Genau die gleiche, nur mit einem Schild von Levi's, hätte dich das Doppelte gekostet!« Ich bin sehr stolz auf mich.

Es ist mir überhaupt nicht in den Sinn gekommen, dass das Levi's-Schild wichtig sein könnte.

Für mich vielleicht nicht, aber sehr wohl für denjenigen, der eine Jeans verschenkt oder sie geschenkt bekommt.

Im folgenden Sommer in Paris, wenn ich die Freundin fragen werde, ob die Jeans ihrem Mann gut passt, antwortet sie mir: »Sehr gut, aber stell dir vor, sie ist *Made in Maroc*, wie alle seine Jeans bisher! Es hat sich wirklich gelohnt, sie aus New York mitzubringen!«

Auch ich lache. Bin mir aber nicht sicher, ob sich in ihrem Lachen nicht auch ein leiser Vorwurf verbirgt.

Kurz danach habe ich begonnen, auf die Levi's-Schilder an den Jeans zu achten und mir eine Levi's zu wünschen.

In New York habe ich nicht darüber nachgedacht. Ich habe meine Autorität als Ortsansässige missbraucht. Ich habe für meine Freundin entschieden. Nur den einen Gedanken im Kopf: ihr, die wenig Geld hat, zum Sparen zu verhelfen. Was sie, nach meinem Empfinden, doch nur glücklich machen kann.

Mein Leben ist preisgünstig. Ich mag Freizeitvergnügen, die wenig kosten: Lesen (in der Bibliothek ausgeliehene Bücher); Fahrradfahren (auf alten Klapperkisten, die fast nichts gekostet haben); Wandern (seit sieben oder acht Jahren mit denselben Turnschuhen); ins Schwimmbad gehen (städtisch, zwei Euro Eintritt); im Meer baden (gratis) an einem Nacktbadestrand (man braucht nicht einmal einen Badeanzug kaufen).

In dreißig Jahren bin ich nur zweimal beim Friseur gewesen: mein natürliches Haar ist viel schöner. Kein Make-up, keine Wimperntusche – meine Augen sind zu empfindlich. Nur ein wenig Lippenstift, eine einzige Farbe. Für die trockene Haut im Gesicht eine medizinische Creme für dreizehn Dollar, mit dem Töpfchen komme ich fast ein Jahr lang aus.

Die Schönheitstipps in den Frauenzeitschriften? Alles Tricks zur Kaufanimation. Damit fange ich gar nicht erst an.

Meine einzigen Ausgaben sind das Epiliergerät von Philips, das mir die ebenso teuren wie schmerzhaften Sitzungen im Kosmetikstudio erspart, und die elektrische Zahnbürste von Braun, die, wenn man zusätzlich Zahnseide benutzt, die sündhaft teuren Zahnarztrechnungen für Implantate aufschiebt.

Es ist mir schon immer schwer gefallen ein Taxi zu nehmen, selbst in New York, wo Taxifahren preiswert ist, ja selbst in Prag, wo es fast gar nichts kostet. Diese Ausgabe erscheint mir überflüssig. Lieber gehe ich stundenlang zu Fuß, auch bei Nacht, bis ich nicht mehr kann. Oder warte nachts um eins in einer Metro-Station von

Manhattan, wo mich ein Asiate mit blutunterlaufenen Augen anschnorrt, indem er mir sagt, ich sei die einzig normal aussehende Person auf dem Bahnsteig: jetzt, wo ich mir ein Ticket für einen Dollar fünfzig gekauft habe, kommt es gar nicht in Frage, dass ich fortgehe, auch nicht um diesem Verrückten zu entfliehen. Oder, noch besser, in Paris, eine halbe Stunde nach Mitternacht, wenn die Station, an der ich hoffte, noch die letzte Metro zu erwischen, wegen Bauarbeiten geschlossen ist, und ich mich an Unbekannte in einem vorbeifahrenden Auto wende: »Pardon Messieurs, könnten Sie mich ein Stück den Boulevard hoch bis zur nächsten Metro-Station mitnehmen? Diese hier ist geschlossen und ich will die letzte Metro nicht verpassen.« Mit erstaunten Gesichtern lassen sie mich auf der Rückbank Platz nehmen: ich befinde mich eingeklemmt zwischen zwei alten Knackern, die nach Wein stinken. »Was sollen wir mit ihr anstellen?« fragt der Mann am Steuer, nachdem er losgefahren ist. Ich schweige, in Schrecken versetzt. Was soll ich auch sagen: ich habe mich in die Höhle des Löwen gestürzt.

Schon lange ist das Auto an der Metro-Station am oberen Boulevard vorbei. Sie diskutieren meinen Fall. Den Blick gesenkt bete ich darum, dass sich derjenige, der für mich plädiert, durchsetzen wird. Plötzlich halten sie an und werfen mich raus. Irgendwo. Mir egal. Ich kann mein Glück nicht fassen. Die Straßen sind menschenleer, kein Taxi, nirgends. Es ist nicht einmal sicher, ob ich es genommen hätte. Ich habe ausfindig gemacht, wo ich bin, und anderthalb Stunden lang bin ich zu Fuß nach Hause gelaufen.

Um mir ein Taxi zu leisten, muss ich schon wie ein Esel bepackt sein. Nur wenn es wirklich nicht anders geht. Lieber steige ich dreimal um. Sobald ich im Taxi sitze, habe ich das Gefühl, man haut mich übers Ohr. Gebannt auf das Taxameter starrend verfolgen meine Augen die weiterspringenden Ziffern. Das geht aber schnell, es wird doch nicht kaputt sein? Hat der Taxifahrer nicht mit Absicht diesen verstopften Weg genommen? Beschleunigt er nicht nur zum Schein, um dann vor der roten Ampel wieder eine Vollbremsung zu machen? Oder aber ich sage mir ein für alle mal, es wird das kosten, was es nun mal kostet – im Kopf veranschlage ich eine hohe Summe –, und schaue nicht mehr auf die Uhr. In dem Fall erlebe ich manchmal eine freudige Überraschung, einen Preis, der viel niedriger ist, als ich veranschlagt hatte, also eine Ersparnis bedeutet. In jedem Fall kann ich nur schwer mit dem Taxifahrer ins Gespräch kommen, sollte er auch noch so faszinierende Geschichten auf Lager haben, oder ihm gar ein

Trinkgeld geben. Ich hege sogar eine heimliche Feindseligkeit gegen ihn. Es sei denn, der Fahrpreis wird im Voraus vereinbart: dann kann ich mich zurücklehnen. Die Fahrt dauert solange sie will und alle Umwege können mir schnuppe sein.

Mit zweiundzwanzig habe ich meinen Führerschein gemacht und manchmal das Auto von Mutter genommen, doch immer gegen einen inneren Widerstand: der Gedanke an einen Unfall, an eine Schramme, an kostspielige Reparaturen, an eine Erhöhung von Vaters Autoversicherung und an alle möglichen Kosten, die man mir vorhalten könnte, standen meinem Wunsch im Weg.

Mein Bruder hingegen hat sich von seinem achtzehnten Lebensjahr an die Autos meiner Eltern geborgt und sie mehrmals kaputt gefahren. Ohne Skrupel hat er die Strafzettel in Kauf genommen, die sie für ihn bezahlt oder abgewendet haben. Das Auto stand vor der Tür, er brauchte es am Abend zum Ausgehen: es zu nehmen war nichts als eine logische Konsequenz. Mein Bruder ist ein freier Mensch – so scheint mir.

Ich habe zwei Autos besessen. Das erste mit vierundzwanzig, da wohnte ich schon seit einem Jahr in einer amerikanischen Kleinstadt. Ein blauer Chevette, den ich für vierhundert Dollar Franzosen, die wegzogen, abgekauft habe. Ich habe mich – fast mir zum Trotz – zu diesem Kauf entschieden, um mich zu einem normalen Leben zu zwingen und meine Jugend und meine Unabhängigkeit zu genießen: mit einem Auto könnte ich endlich ans Meer fahren, das ich so liebe, könnte ich mir das Leben, was Einkaufen und Wäschewaschen betrifft, leichter machen, könnte ich abends ausgehen. Unterhalb des Fahrersitzes, bei den Füßen, hatte der Vorbesitzer des Chevette Eisenstangen hingelegt, um ein großes Loch in der verrosteten Karosserie zu verdecken. Ab einer bestimmten Geschwindigkeit musste ich das Lenkrad mit aller Kraft festhalten, weil das Auto nach links zog. Die Bremsen schienen überhaupt nicht sicher zu sein. Ich habe den Franzosen geschrieben und ihnen mitgeteilt, dass sie mir ein altes Wrack überlassen hätten, das seine vierhundert Dollar nicht wert wäre. Sie waren einverstanden, dass ich einhundertfünfzig Dollar bezahle.

Ich habe viel von dem Chevette gehabt, in jenem Herbst bin ich oft ans Meer gefahren. Nachmittage lang habe ich allein am Strand gesessen und gelesen und hatte das Gefühl, sehr erwachsen, sehr unabhängig zu sein. Außerdem habe ich den Chevette genutzt, um einem Ex-Geliebten einige nächtliche Besuche abzustatten.

Die Scherereien fingen an: das Auto wurde an einem Freitag vor meiner Tür abgeschleppt, als die Straßenreinigung kam und ich über das lange Wochenende weggefahren war. Ich musste die Strafe, den Abschleppwagen, fünf Tage Standgebühr zahlen – insgesamt zweihundertfünfzig Dollar, mehr als das Auto überhaupt gekostet hatte – und dazu diesen blöden Kerlen die Stirn bieten, die von mir verlangten, dass ich bar zahle, während ich nur die Kreditkarte dabei hatte, dort im *no man's land*, wohin mich extra eine Kollegin gefahren hatte, damit ich meinen Chevette abholen konnte. Dann eine Panne in der Innenstadt, an einem Samstag um Mitternacht, als es schneit und ich die Grippe habe. Hinter mir hupen die Leute. Ich heule. Schließlich hilft mir jemand, das Auto an den Fahrbahnrand zu schieben. Zwei Tage später stellt mich der Mechaniker vor die Wahl: entweder er repariert für zweihundert Dollar den Motor und ich könnte hoffen, meinen Chevette noch für vier- oder fünfhundert Dollar zu verkaufen, denn in so einem schlechten Zustand wäre er nicht, oder aber er kauft ihn mir, so wie er ist, für fünfzig Dollar ab.

Logischer wäre es gewesen, ihn reparieren zu lassen und dann zu verkaufen, aber ich fürchtete, versucht zu sein, ihn doch zu behalten und mich alsbald in neue Unkosten stürzen zu müssen. Ich habe den Chevette dem Mechaniker für fünfzig Dollar, zum Preis eines Fahrrads, verkauft.

Das zweite Auto ist ein Honda Accord Deluxe, den mein Mann für mich aus zweiter Hand besorgt und den ich, als ich zu unterrichten beginne, für die Strecke zwischen Universität und dem Häuschen am Meer, das wir gemietet haben, brauche.

Er hat ein teures Auto ausgesucht: fünftausendsiebenhundert Dollar. Ich bin entsetzt. Er versichert mir, dass es ein gutes Geschäft sei. Er will, dass ich in einem anständigen Auto fahre, zu meiner eigenen Sicherheit. Mag sein, aber ich muss es bezahlen. Meine ganzen amerikanischen Ersparnisse gehen dabei drauf. Die vielen Hebel und Schalter am Armaturenbrett können mir gestohlen bleiben. Ich bin sicher, man hätte etwas Preiswerteres finden können. Er ist, so sage ich mir, wie alle Männer, wild auf Autos, Hebel und Schalter. Er lässt mich das Auto bezahlen, das er gerne hätte. Er versteht nicht, dass ich, was das betrifft, keine Eigenliebe aufbringe. Mit zusammengekniffenen Lippen unterschreibe ich den Scheck.

Es stimmt, mein Auto ist wunderbar. Es fährt sich mit Vergnügen. Es hat ein automatisches Leitsystem und eine Klimaanlage. Es ist bequem. Und ich kann mich wieder sehr erwachsen, sehr verantwortungsvoll und unabhängig fühlen. Ich kann, wenn ich will, abends allein ausgehen, Freunde mit nach Hause bringen, am Bahnhof

Gäste aus New York abholen. In dieser Zeit sind wir sehr »middle-class«: das Haus, der Vorgarten, die beiden Autos in der Einfahrt, im Winter muss Schnee geräumt werden.

Ein Jahr später rase ich gegen einen Elektromast, den ich im Asphalt um zwanzig Zentimeter versetze, während das Auto in eine Ziehharmonika verwandelt wird. Ich habe keine Sicherheitsgurte und gehe mit dem Kopf durch die Windschutzscheibe. Ein wahres Wunder, dass ich mit dem Leben davonkomme: Koma, Prellungen, geflickter Schädel, nichts gebrochen.

Die Versicherung schickt mir einen Scheck über sechstausendzweihundert Dollar, für ein Auto, das mich ein Jahr zuvor fünftausendsiebenhundert Dollar gekostet hat.

Ich bin entzückt. Nun gratuliere ich meinem Mann und danke ihm. Es war wirklich ein gutes Geschäft, das er gemacht hat. Mein Bankkonto hat sich merklich erholt.

Ich kaufe kein Auto mehr. Gern nehme ich den Bus, der in der Nähe hält, der aber nur einmal in der Stunde fährt, auf den man auch bei Schnee und Regen warten muss und der eine dreiviertel Stunde braucht, für eine Strecke, die mich mit dem Auto zehn Minuten kosten würde. Ich schaffe es nur, eine hohe Summe auszugeben, wenn ich sie mir ausdrücklich genehmigt habe oder wenn die entsprechende Anschaffung mir eine Herausforderung bedeutet, der ich mich stellen will: mir beweisen, dass auch ich Grille sein kann, dass auch ich das Leben genießen kann, dass auch ich weiß, dass das Geld zum Ausgeben da ist und all die schönen Kleider dazu, meinen Körper zu schmücken.

Manchmal kaufe ich nur etwas, um zu vermeiden, dass ich für das Gleiche mehr Geld ausgeben muss. Ich kaufe, um mich vor Ausgaben zu schützen und dass meine Seele ihre Ruhe habe: es ist anstrengend, Tag und Nacht an das zu denken, was man begehrt.

Es kommt vor, dass ich nach einem Kauf meinen Irrtum erkenne und nach dem billigen Ersatz noch die teure Variante kaufe. Es kommt vor, dass mir das Sonderangebot nicht ungelegen kommt.

Auch ich kenne den Kaufrausch, die weibliche Leidenschaft par excellence. Es gibt Tage, da möchte ich alles: Kleid, Schuhe, Mantel, Tasche, Hut. Alles schön, modern und beste Qualität: aber preiswert oder reduziert. Wie diese Puppenhäuser, die ich als Kind gebaut habe und in denen alles echt aussah: echte kleine Betten aus Pappe, für die ich echte kleine Decken ausschnitt und echte kleine Kissen nähte, echte kleine Tische mit echten kleinen Tellern und echter kleiner Tischdecke … Wenn ich meine Puppenhäuser betrachte, stelle ich mir die Freude vor, die ich als spielendes Kind daran hatte. Genauso heute, wenn ich vor meinen schönen Kleidern stehe, die ich für nichts oder wenig erstanden habe, fast perfekte Kopien derer, die ein Vermögen wert sind, und nicht ohne Stolz führe ich mir mein eigenes Bild vor Augen, welches denen, die man in Modeheften findet, ziemlich ähnlich sieht, das mich aber bei weitem weniger gekostet hat.

Allzu billige Kleider, allerdings, mag ich nicht. Ich habe mich oft von ihrem erstaunlich niedrigen Preis verführen lassen. Der Stoff war nicht schön, oder der Schnitt – ich habe sie nicht getragen.

Ich habe meinem Mann gesagt: »Von nun an werde ich anstatt zehn billiger Teile nur noch ein einziges kaufen, elegant und teuer, das meine Garderobe aufwerten und mich verschönern wird – »Eine kluge Entscheidung«, hat mein Mann geantwortet.

Ja, aber auch teure Dinge lassen sich günstig finden. Es erscheint mir dumm, den vollen Preis für sie zu zahlen.

Sogar für meine Hochzeit schaffe ich es nicht. Meine Großmutter möchte mir das Kleid schenken: sie ist bereit, jeden Preis zu zahlen. Aber ich finde es skandalös, für ein Stück weißen Stoff, das man nur einen Tag trägt, ein Vermögen auszugeben – zur Beute derer zu werden, die mit dem Glück Geschäfte machen.

In *Paris pas cher* habe ich die Adresse einer Frau ausfindig gemacht, die seit zwanzig Jahren Hochzeitskleider sammelt. Sie türmen sich in einem Zimmer auf, schmutzig, zerknittert und zerrissen. Eine wahre Schatzkammer. Ich wühle, entzückt: für tausend Francs, alles inklusive, erhalte ich ein langes Moiré-Kleid, einen Schleier aus Tüll, der Kranz aus vielen kleinen echtaussehenden Perlen, ein Paar lange Spitzenhandschuhe und perlmuttfarbene Flitterohrringe – eine richtige Brautausstattung.

»Und, dein Kleid? Die Leute kommen vor allem, um das Brautkleid zu sehen«, sagt mir eine Freundin aus bürgerlichem Haus.

Der Gedanke war mir noch nicht gekommen. Ich probiere das Kleid, sechs Tage vor der Trauung, wieder an und stelle fest, dass es an den Hüften zu eng ist und am Rücken Falten wirft. In der Kirche wird man meinen Rücken sehen. Ich bringe das Kleid zum Schneider, der jede Änderung für unmöglich erklärt; es bleibt mir nichts anderes übrig, als abzunehmen. Plötzlich habe ich kalte Schweißausbrüche, wenn ich daran denke, dass ich meine Gäste eine Reise von hunderten und tausenden Kilometern auf sich nehmen lasse und ich ihnen den Anblick einer Braut im Sonderangebot bieten werde.

Alle Länder, in denen ich gelebt habe und die ich bereist habe, waren Fundgruben an Schnäppchen.

Bevor ich von einem Land in ein anderes fahre, werde ich von einer Kaufwut gepackt, so sehr fürchte ich, dass ich in dem Land, in dem ich morgen sein werde, all die günstigen Dinge von dort, wo ich heute bin, nicht finden werde.

Städte betrachte ich als große Märkte. Mein Blick wird magnetisch von Schaufenstern und Auslagen der Geschäfte angezogen. Ich kann mich nicht zurückhalten, muss hineingehen, anprobieren, vergleichen, den Preis runterhandeln – und erreiche das Museum, wenn es gerade seine Pforten schließt. Erleichterung dann abends und sonntags, wenn die Läden geschlossen sind: endlich kann ich flanieren, alte Gemäuer betrachten, die Stadt sehen, meinen aufgehenden Blick schweifen lassen.

Als das große Warenhaus Konkurs gemacht hat, bin ich zum Geier geworden. Mit Leidenschaft habe ich mich auf den ausgehauchten Leichnam gestürzt. Und habe ihn bis auf die Knochen abgenagt.

Angefangen hat es mit Ausverkaufspreisen für alle Artikel. Dann gab es auf diesen Ausverkaufspreis noch einmal Prozente. Nach zwei Monaten bezahlte man nur noch 20% des bereits reduzierten Preises, das heißt fast gar nichts.

Ich gehe jeden Tag dorthin. Und komme aus dem Geschäft nicht mehr heraus. Ich suche, ich wühle. Es ist ein göttliches Vergnügen. Immer gibt es etwas, das meiner Jagd am Vortag entwischt ist. Ich kaufe Dinge, die zu erwerben mir nie im Leben in den Sinn gekommen wäre, gäbe es da nicht die Differenz, die sich zwischen dem ursprünglichen und dem herabgesetzten Preis auftut, die sie sofort unglaublich begehrenswert werden lässt. Es ist nicht einmal das Schnäppchen selbst, das mich antreibt: es ist die Angst, dass es mir durch die Lappen gehen könnte. Bei diesem Preis greift man besser zu, sonst wird es einem später Leid tun.

Viele Sachen, die ich in dem großen Warenhaus gekauft habe, habe ich weggeschmissen, und schlägt man deren Summe auf den Preis der Dinge, die ich behalten oder verschenkt habe, waren sie unter dem Strich nicht einmal ein gutes Geschäft.

Prag. Nicht das Prag der Touristen, sondern ein kleiner Markt in einem Viertel ohne Touristen, den ich durch meine Hauswirtin entdeckte. Wie viele Runden habe ich dort gemacht. Wie viele glückliche Funde. Im Augenblick selbst kommen mir Zweifel: Bin ich nicht gerade dabei, einen alten Tontopf, einen angeschlagenen Porzellanteller, eine abscheuliche Kristallglasplatte zu kaufen, allesamt ideal zum Wegwerfen? Aber wenn das Paket erst einmal bei meinem Gastgeber zu Hause ausgepackt ist, irgendwo in Frankreich oder Amerika, macht das Geschenk den größten Eindruck. Man würde nicht meinen, dass ich nur achtzig Kronen (zwei Euro dreißig) dafür bezahlt habe. Manchmal mehr, doch selbst dann: ein außergewöhnlich schöner Gegenstand kostet maximal sechshundert Kronen (achtzehn Euro).

Die meisten meiner Schnäppchen verschwinden in den Tiefen meines Schrankes: das ist mein Geschenkevorrat. Manchmal bleiben sie dort jahrelang eingepackt liegen. Wenn ich sie, die ganz in Vergessenheit geraten waren, wiederfinde, fällt es mir schwer, sie zu verschenken – als hätte ich Angst, sie plötzlich zu vermissen.

Ich habe eine Schwäche für Vorräte, für Dinge in der Hinterhand, auf die sich meine Seele wie auf samtweiche Kissen zur Ruhe bettet.

Zu der Zeit, als ich Cartier-Menthol-Zigaretten rauchte, die es nur in der Schweiz gab, und an anderen ganz bestimmten Orten, habe ich am Flughafen von Paris bei jeder Reise gleich mehrere Stangen davon gekauft; nie habe ich auch nur eine dieser Zigaretten hergegeben, so sehr fürchtete ich, meine Reserve aufzubrauchen, und ich bin fuchsteufelswild geworden, wenn mein Mann es gewagt hatte, mir eine davon wegzunehmen. Als ich das Rauchen aufgegeben habe, hatte ich haufenweise Schachteln übrig: mein Mann musste wochenlang diese Zigaretten rauchen, die er nicht besonders mochte und die wegzuwerfen nicht in Frage kam.

Ich kaufe meine Geschenke das ganze Jahr über, je nachdem, was sich an Schnäppchen bietet.

Selten kaufe ich etwas für jemand Bestimmten, ich habe allgemein zwei oder drei Personen im Kopf.

Ich mache oft Geschenke. Was das angeht, bin ich großzügig.

Ohne zu lügen könnte ich nicht ein einziges Geschenk nennen, das nicht ein Schnäppchen gewesen wäre.

Für die Tochter der Putzfrau meiner Eltern habe ich in Amerika eine Barbiepuppe mit Kleidern und Zubehör gekauft.

Aber nur, weil die Barbies in den USA wesentlich billiger sind und weil ich glücklich gewesen wäre, wenn mein Vater mir so eine mitgebracht hätte, als ich klein war.

Schnäppchen, das ja, doch man muss es auch erst einmal ausfindig machen, dann genug Vorstellungskraft besitzen, sich für etwas zu entscheiden ohne noch zu wissen, für wen es bestimmt sein soll, und schließlich die Sache heil in das Land schaffen, wo man sie zu verschenken gedenkt.

Als meine alte Freundin in New York zu Besuch ist, geht sie, um die Geschenke für ihre Familie zu kaufen, ins Metropolitan Museum, obwohl dort alles teurer ist als anderswo: damit sie von einem bekannten Ort stammen.

Die Herkunft einer Sache, das weiß sie, ist wichtig: sie bezeugt Aufmerksamkeit, Zuneigung und Respekt für den anderen.

Ich weiß das auch. Oft selbst beschenkt worden, habe ich verstanden, dass ein schönes Geschenk sich immer auszahlt: es kommt wie ein Boomerang in Strömen von Dankbarkeit zu einem zurück. Im letzten Moment jedoch schwenke ich um: dieser Wein im Sonderangebot – wenn ich die Flasche erst hübsch verpackt habe – oder dieser Blumenstrauß, gar nicht teuer und doch niedlich –, würden ihre Sache auch gut machen.

Im Übrigen, es wäre wirklich schäbig, den Gast nach dem Preis seines Geschenks wertzuschätzen.

Ich habe noch nie etwas nach einer Hochzeitswunschliste verschenkt – jene Listen, in die man schlicht die Höhe seines Einsatzes einträgt. Das ist mir zu wenig »persönlich«.

Eine Freundin lädt mich zu sich zum Abendessen ein. Sie hat vor acht Monaten an einem der allerfeinsten Orte von Paris ihre Hochzeit gefeiert. Ich war nicht in Frankreich und habe nichts geschenkt. Ganz sicher besitzt sie alles: ich weiß nicht, was ich ihr schenken könnte. Ich betrete das einzig günstige Geschäft auf dem Boulevard, wo es nur ausgesprochen hässliche Sachen zu kaufen gibt. Und finde dort einen hässlichen billigen Gegenstand: eine schwarze Vase.

Eine Vase, sage ich mir, kann für Leute, die alles haben, nie verkehrt sein. Schwarz ist originell. Mit farbigen Blumen sieht das sicher schön aus.

Ich erinnere mich an den Preis: neunundachtzig Francs.

Auf der Hochzeitswunschliste wäre sicher nichts unter zweihundert Francs dabei gewesen. Als Freundin aus Kinderzeiten hätte es sich nicht gehört, etwas unter vierhundert Francs auszusuchen, auch wenn ich nicht bei der Hochzeit anwesend sein würde.

Ich habe also dreihundertelf Francs gespart.

Doch diese Feststellung ist nur mäßig befriedigend, denn das Geschenk hinterlässt mir das Brandmal der Scham glühenden Eisens – wie mein Diebstahl bei der Psychoanalytikerin vor fünfzehn Jahren.

Ein Geschenk zeigt dein wahres Wesen. Eine Freundin, die nur Markenartikel kauft, ruft angesichts meines mitgebrachten Geschenks aus: »Das ist aber niedlich, nett von dir.« Niedlich, das ist mein Kaliber – woraus in ihrer freimütigen Art später wird: »Du hast etwas Biederes, Einfältiges an dir; das zeigt sich an all den schrecklichen Dingen, die du mir geschenkt hast.«

Es gibt eine bessere Methode: Geschenke selber machen. Das Grundmaterial ist billig und das Geschenk – einzigartig.

Jahrelang kann ich an Weihnachten und an Geburtstagen meine kleinen Talente nutzbringend einsetzen. Und spare enorme Summen. Für Großmutter zeichne ich Bilder mit Bleistift oder Tusche, die ich hinter Glasplatten füge, vom Glaser zugeschnitten, und die mit kleinen Federn, die es preiswert zu kaufen gibt, an dem Karton festgeklemmt werden. Für Vater und

Mutter schreibe ich Romane, die ich in schöne chinesische, schwarz-rote Büchlein übertrage.

»Herzallerliebst.«

Nicht nur, dass sich meine Ausgaben auf das Büchlein und die Rahmen reduzieren, ich ernte auch noch eine Menge Komplimente: »Sie ist so begabt! Sie hat mehr als einen Pfeil in ihrem Köcher!« Meine Romane machen die Runde. Meine Zeichnungen bekommen im Wohnzimmer neben den Gemälden ihren Platz. Das erscheint mir ganz normal.

Das Gebiet, auf dem ich am meisten glänze, das einzige, wo ich gar nicht geizig wirke, ist Babykleidung. Ich kann mir nicht vorstellen, dass jemand, der keine Kinder hat, so viel Babysachen gekauft hat, wie ich. Auf diesem Gebiet habe ich Geschmack: was ich kaufe, kann sich sehen lassen. Meist sind es Marken, die in Frankreich hoch geschätzt werden. Ich mache Schnäppchen in einem fort, über jeden Verdacht erhaben.

Wenn man sich in Frankreich gerade nach gestreiften Oshkosh-Hosen die Sohlen abläuft, bringe ich stapelweise welche aus Amerika mit. Sobald ich eine im Ausverkauf entdecke, greife ich zu. Irgendwer wird immer ein Baby haben, dem man sie schenken kann.

Ich habe einen Babysachenvorrat. Manchmal vergesse ich jahrelang, die Sachen zu verschenken.

Mutter, sie kauft eine Kombination zum vollen Preis bei Jacadi, die man, wenn man möchte, umtauschen kann.

3

Das Restaurant: eine komplizierte Angelegenheit

Großmutter ist großzügig. Das ist der Wesenszug, der sie bestimmt. Sie liebt es, ihrer Familie und ihren Freunden die schönen Dinge des Lebens zu ermöglichen. Sie hat ihr ganzes Leben lang gearbeitet, um das zu erreichen: ins Restaurant gehen und ihre Freunde einladen, ohne an Geld zu denken.

Ein Abendessen im Restaurant ist auch für meine Mutter das größte Vergnügen im Leben, aber ihr Scheckheft herausziehen zu müssen, kann sie fast umbringen.

Meine Mutter ist in bestimmten Dingen extrem geizig: zum Beispiel bei Lebensmitteln, sie verbietet sich jeden Luxus und wirft nichts weg – sie sagt, wegen des Kriegs, den sie erlebt habe, und der vielen hungernden Kinder, aber vor allem, weil man aus Resten ein vorzügliches Abendessen bereiten könne und wieder ein wenig gespart habe. Sobald sie uns den Kühlschrank öffnen hört, schießt sie wie ein Springteufel hoch, um zu fragen, wonach man suche. Es würde ihr leichter fallen, uns einen Scheck über tausend

Francs auszustellen, als uns einen Joghurt, eine Knoblauchzehe oder einen Kanten Brot zu überlassen. Nie hat sie die zehn Francs oder das Metro-Ticket zur Hand, wenn man sie gerade braucht. Weder erträgt sie, dass Papa sonntagmorgens Croissants kaufen geht – es gibt doch nichts Besseres als warme Croissants –, noch, dass wir an der Autobahnraststätte zum Essen anhalten: das ist teuer und schlecht. Vor jeder Urlaubsfahrt schmiert sie konsequent sechs Butterbrote, obwohl sie im Leben mit ihren Kräften Brote zu schmieren am Ende angelangt ist.

Jahrelang werde ich von einem Steak mit Pommes frites an der Autobahnraststätte träumen: der größte Luxus. Zwanzig Jahre später bin ich außerstande, es mir zu gönnen: das ist teuer und schlecht. Das vor der Reise zu Hause geschmierte Brot ist einfach besser.

Auf einem Gebiet ist meine Mutter verschwenderisch: bei ihrer Garderobe. Sie kleidet sich jede Saison neu ein, kauft ausschließlich Markensachen, die feinsten Stoffe. Mehr als die Hälfte ihres Gehalts geht für Kleidung drauf. Die Kleider stapeln sich in ihren Schränken. Um Platz zu schaffen und ihr Gewissen zu erleichtern, verteilt sie die Sachen ohne Rücksicht auf Verluste an meine Schwester und mich, an Freundinnen, die sich weniger leisten können, an die Putzfrau.

Dafür geht sie arbeiten: für das Recht, sich nach Lust und Laune Garderobe zu leisten. Das ist ihre Neurose, ihre Lust. Man darf nichts dagegen sagen. Man brächte sie auf hundertachtzig.

Die Grille, das ist Mama, trotz ihrer Momente von Geiz. Mit dem Vermögen, das sie in Kleider umgesetzt hat, hätte man Schlösser kaufen können. Doch Schlösser interessieren meine Mutter nicht. Sie wollte nie etwas besitzen. Sie hat keinen Sinn für Eigentum.

Papa hingegen hat eine Neigung – die man sich leicht zunutze machen kann – zum sonntäglichen Ansturm auf Croissants. Aber die Ameise, das ist er. Er rechnet. Er denkt an die Zukunft. Er investiert sein Geld. Er kauft Wohnungen. Er verwahrt alte Stücke Kordel, für alle Fälle.

Fragt man Vater nach fünfzig Francs, antwortet er nicht, wie Mutter, dass er keinen Sou habe. Aus seiner Innentasche zieht er die Scheine, die mit einer silbernen Klammer zusammengeheftet sind. »Danke, Papa.« – »Wiedersehen macht Freude.« – »Aber natürlich, du kannst dich drauf verlassen.«

Man besucht ihn im Krankenhaus nach einer Operation; das erste, was er sagt, sobald man sein Zimmer betritt: »Und, was ist mit meinen fünfzig Francs?«

Mein Vater hat eine Schwäche, die ich gut kenne, denn ich habe sie auch. Es ist ihm unmöglich, seine Großzügigkeit bis zum Ende durchzuhalten. Er will Gutes tun, kann Kummer und Not anderer nicht ertragen. Ganz unvermittelt entschlüpft ihm ein Wort, das sein tiefes grundsätzliches Misstrauen verrät: gleich ist die Wirkung seiner Großzügigkeit zunichte gemacht und jede Geste der Dankbarkeit blockiert.

Er und ich, wir pflegen die Rechnung im Restaurant zu überprüfen. Wir überschlagen die Summe im Kopf. Der Gedanke, übers Ohr gehauen zu werden, ist uns unerträglich. Meine Mutter hingegen glaubt sofort den Betrag, den man ihr nennt. Falls sie bemerkt, dass man sie betrogen hat, gibt sie nur ihrer eigenen Dummheit die Schuld und tröstet sich mit dem Gedanken, dass dieses erschwindelte Geld bestimmt jemandem nützen wird, der es nötiger hat als sie.

Baudelaire sagt, die Angst betrogen zu werden, ist charakteristisch für die Franzosen.

Der Franzose ist geizig und ständig mit Rechnen beschäftigt. Man erkennt ihn auf Märkten im Ausland daran, wie er meckert und nörgelt, um den Preis zu drücken. Immer wenn ich handeln wollte, habe ich gesagt, ich sei Französin. Meinen amerikanischen Mann dabei zu haben, hat sich als äußerst ungünstig erwiesen.

Geizig sein bedeutet nicht nur seine liebe Not damit zu haben, das Portemonnaie zu zücken.

Ich meine noch etwas anderes: Argwohn, Zurückhaltung, Kalkül und Paranoia.

Ich verfluche diese Haltung, kämpfe gegen sie an. Mir kommt es so vor, als würde durch sie das Dasein reduziert. Sie muss ein erster Instinkt sein. Sie ist der Grund, dass ich mich selber hasse. Ich hasse diesen scheelen Blick zu meinem Mann, diese vorwurfsvollen Worte: »Hast du nachgerechnet? Wieviel? Was! Das kann nicht sein. Er hat dich reingelegt. Hör endlich auf, so naiv zu sein, sieh richtig hin!«

Wenn ich jemanden sehe, der bettelt, ist mein erster Reflex, nein zu sagen. Es sind so viele, wie sich entscheiden? Mein Gewissen meldet sich. Falls ich Kleingeld habe, kann es passieren, dass ich mich auf dem Absatz herumdrehe. Ich gebe lieber denjenigen etwas, die um nichts bitten. Manchmal kaufe ich jemandem eine Zeitung ab. Nicht oft. Für mein gutes Gewissen. In der Metro jammert ein Typ: Aids, keine Wohnung, ein Kind zu ernähren, usw. Ich senke den Blick und lasse ihn vorübergehen. Die Frau neben mir, mit Nerz, Foulard von Hermès und Handtasche von Vuitton, stößt mir ihren Ellbogen in die Seite und raunt mit einer Stimme, die meine Komplizenschaft sucht: »Da kann man doch nie wissen, he? Wie soll man das denn nachprüfen? Wir beide könnten genau dasselbe erzählen!«

Ich lächle weder, noch antworte ich, entsetzt darüber, dass ich von dieser Frau und ihrer widerlichen egoistischen Ignoranz – da ich nichts gegeben habe – nicht zu unterscheiden bin.

Ich träume folgendermaßen erzogen worden zu sein: dass meine Eltern mir zweihundert Francs hinhalten, sobald ich es wünsche, und sie davon absehen, dass ich sie zurückzahle, weil ich ihr Kind bin. Dass ich zu geben gelernt hätte, ohne darüber nachzudenken. Gelernt hätte, denen zu geben, die ich liebe, denen, die es brauchen. Unwillkürlich ja zu sagen.

Stattdessen, das unwillkürliche Nein. Es ist schwer, Großzügigkeit zu erlernen. Es gibt nichts, was ich mir mehr wünsche. Ein Herz haben wie ein offenes Haus, in dem man immer willkommen ist, sich aufzuwärmen – ein freigiebiges, ein gastfreundliches Herz.

Seit langem frage ich mich, ob nicht mangelnde Großzügigkeit verhindert, dass ich schwanger werde: ich lasse meine Eizellen nicht heraus, ich halte sie fest.

Man muss bei den ganz kleinen Dingen anfangen. Eines Abends treffen wir in einer Bar einen jungen Schweizer, der sehr gut verdient. In dem Moment, als es daran geht die Rechnung zu begleichen und mein Mann sein Portemonnaie öffnet, hält der Schweizer, sich bedankend, in seiner Bewegung Richtung Jackentasche inne. Ich werde wütend: warum sollen wir den Drink dieses jungen Stiesels zahlen, den wir bereits zum Abendessen zu uns eingeladen haben und der sich noch nicht einmal revanchiert hat?

Am meisten irritiert mich, bei dem Schweizer dieselbe Sparsamkeit zu bemerken, die ich von mir kenne. Ich spüre, wie es ihn freut, uns getroffen und damit die banale Summe für seinen Drink gespart zu haben. Meine schlechte Laune kommt in Form spitzer Kommentare auf meine beiden Begleiter zum Vorschein.

Auf dem Heimweg mache ich meinem Herzen Luft. Mein Mann lächelt. Als er sah, dass sich meine Stimmung schlagartig verändert hat, wusste er sofort warum. Genau aus dem Grund hat er dann noch so lange mit dem Schweizer weiter geredet, ein Gespräch, das ihn gar nicht interessierte. Ich platze heraus: »Aber warum hast du das mit dir machen lassen? Ihm seinen Drink bezahlen, ihm, der ein sattes Monatsgehalt kassiert! Er übertreibt!« – »Du bist es, die übertreibt«, antwortet mein Mann. Er findet, ich sollte lernen lockerer zu sein, die Dinge leichter zu nehmen. Stimmt, es hätte gar keinen Grund gegeben, diesen Schweizer einzuladen, na und? Sollte man im Leben nicht auch jemandem, den man nicht besonders mag, ohne Grund ein Getränk zahlen können?

Nicht, dass durch die deutlichen Anzeichen meiner Kleinlichkeit ein falsches Bild entsteht. Ich weiß mich zu benehmen. Wenn ich mit einem meiner Studenten auf ein Glas oder eine Pizza ausgehe, bezahle ich. Wenn wir mit Freunden unterwegs sind, die wenig Geld haben, versichere ich mich, dass mein Mann die Rechnung dafür übernimmt.

Nichts kann mich mehr ärgern, als dreißig Euro bezahlen zu müssen, wenn ich nur für fünfzehn gegessen und getrunken habe. Das wurmt mich so sehr, dass ich lieber allein essen gehe, mit meinem Buch in der Hand, in ein nicht zu teures Bistro, als dass ich den Tisch mit angenehmer Gesellschaft teile. Auf Reisen, in Paris, überall – ich setze mich von der Gruppe ab, meine Vorliebe für Einsamkeit vorschützend. Ich möchte nicht ohne Grund für die anderen bezahlen. Ich bin keine Draufgängerin.
Ein iranischer Freund sagt mir, dass ihn die westliche Art zu teilen empöre. In seiner Kultur

sei es eine Ehre, für alle zu bezahlen, man streite sich sogar darum. Und man könne sicher gehen, im Gegenzug eingeladen zu werden. Diese Art sei doch bei weitem weniger kleinlich.

Ich gebe ihm Recht. Aber, als wir später in einer Bar landen, wo ich eine Cola trinke, während seine Freundin und er, die in jener fremden Stadt meine Gastgeber sind, alkoholische, also kostspieligere Getränke bestellt haben, schaffe ich es nicht, sie einzuladen, wie ich es mir vorgenommen hatte: ich lege einen Dollar auf den Tisch, für meine Cola.

Am nächsten Tag werde ich ihnen eine Flasche Champagner kaufen, teurer als alle Getränke des vorigen Abends zusammen: es gibt keine Rechnung auf dem Tisch, keine Erwartung, es ist meine freie Entscheidung.

Kurz nachdem ich meinen zukünftigen Mann getroffen hatte, habe ich während eines Besuchs in seiner Stadt die Bekanntschaft der Ex-Freundin gemacht. Am Kopf des Tisches redet und lacht sie in einem fort. Als die Rechnung kommt, reißt sie diese an sich, trotz lautstarker Proteste. *Come on, guys!* Sie verdiene jetzt gut, sie sei wieder in ihrem Element, heute bezahle sie.

Später träume ich von dieser Frau: strahlend, hinreißend, von Männern umgeben, die sie fasziniert anblicken; mein zukünftiger Ehemann, der die Augen nicht von ihr lässt, bemerkt nicht einmal, dass ich mich von diesem Ort, an dem ich offensichtlich nichts verloren habe, davonstehle.

Zur Hochzeit bringt uns die Ex-Freundin aus Zentraleuropa böhmische Kristallgläser mit: zwölf große, zwölf mittlere, zwölf kleine und dazu noch Wassergläser. Sie, die nicht kleckert, hat halb Europa mit einem Haufen Schachteln durchquert. Diese Gläser sind das Schönste, was wir besitzen.

So schön, dass wir sie in Erwartung einer festen Bleibe jahrelang in ihren tschechischen Pappschachteln lassen werden. Als wir dann endlich in unsere Wohnung eingezogen sind, öffnen wir die acht Schachteln. Die Gläser füllen einen ganzen Schrank. Nie scheint ein Anlass schön genug, sie zu benutzen.

Wir haben offensichtlich immer Angst, sie zu zerbrechen.

An Silvester holen wir sie hervor. Meine Schwiegermutter zerbricht ein Glas. Sie schreit um Verzeihung bittend auf und sagt, dass sie genau das gleiche wiederfinden werde. Den Blick, den ich ihr zuwerfe, hätte man sehen müssen.

Es gibt zwei Sorten von Menschen: die einen benutzen ihre guten Gläser bei jeder Gelegenheit, so lange bis das letzte zerbrochen ist; die anderen halten sie für einen ganz außergewöhnlichen Anlass in der Hinterhand.

Die Ex-Freundin meines Mannes würde sie benutzen, natürlich. Für ihre Gäste wird das Beste nie gut genug sein. Bei ihr sind die Dinge dazu da, dass man sie zusammen genießt. Bei ihr kann man sicher gehen, immer willkommen zu sein.
Die Ex-Freundin kommt nach New York. Wir gehen am Mittag in ein Restaurant ihrer Wahl. Außerdem anwesend sind ihr Mann, ihre Schwester, die ich vorher nicht kannte, und deren Freund, ein Bankier. Mein Mann, der gerade arbeitslos ist, und ich, die an der Universität unterrichtet, wir sind an diesem Tisch diejenigen, die am wenigsten verdienen. Als die Rechnung kommt, reißt mein Mann sie an sich. Ich habe es so mit ihm verabredet: wir werden zahlen, was immer sie auch sagen wird. Das ist meine Revanche.

Die Rechnung verlangen, die Kreditkarte auf den Tisch legen, den Mitmenschen das Vergnügen einer kostenlosen Mahlzeit bereiten, all das verleiht Macht. Diese Macht bereitet wiederum Vergnügen, ein Vergnügen, welches dem, eingeladen zu werden, in nichts nachsteht, es kann sogar stärker sein.

Das gilt jedoch nur, wenn es überhaupt keinen Grund gibt, für den anderen zu bezahlen.

Lädt man jemanden ein, dem man zu Dank verpflichtet ist, von dem man einen Dienst erwartet oder dem man an finanziellen Mitteln eindeutig überlegen ist, handelt es sich um eine Frage des Anstands, weiter nichts.

Das Vergnügen, das sein Geld wert ist, kann mir noch so sehr bewusst sein – irgend etwas hält mich zurück. »Warum? Warum nur?« fragt der Frosch den Skorpion, den er ans andere Ufer schleppt und der ihn gerade gebissen hat, sie beide damit zum Tode verurteilend: »Das ist meine Art«, antwortet der Skorpion und säuft ab.

An einem milden Herbstabend gehe ich mit meinem Bruder, der in New York lebt, seiner Freundin und einem ihrer Freunde essen. Das Leben meines Bruder besteht aus Bar-, Club- und Restaurantbesuchen. Bei mir kommt das selten vor.

Wir werden die Rechnung teilen, und dieses Essen wird mir um einiges teurer zu stehen kommen, als wenn ich dasselbe allein gegessen hätte. Ich versuche gegen diesen Gedanken anzugehen und rufe mir die weisen Worte meines Mannes ins Gedächtnis: es kommt vor, dass man ohne Grund für jemanden bezahlt, na und? Das sollte man können im Leben. Können vor lachen. Ich will es können. Ich will die Vorurteile Lügen strafen, die mein Bruder und seine Freundin gegen mich hegen. Ich will cool sein, will über diesen armseligen Banalitäten stehen, einen schönen Abend verbringen, ganz entspannt, meinem Bruder gegenüber dankbar sein für dieses New-Yorker Vergnügen, das er mir bereitet, ohne dass ich an die Rechnung denke, die da kommen wird. Wenn ich also meine vierzig Dollar zücken muss, anstelle der fünfzehn, für die ich gegessen und getrunken habe, werde ich es lässig tun. Gelingt mir das, dann haben sich die fünfundzwanzig Dollar, die ich draufzahlen werde, gelohnt.

Ich kämpfe mit mir, bevor wir überhaupt noch bestellt haben.

In der Tat ärgert mich der Gedanke, dass ich mich nach meinem Vortrag ebensogut dem Veranstalter, der mich eingeladen hatte mitzukommen, hätte anschließen können: das wäre ein kostenloses Abendessen gewesen. Aber ich hatte schon dieses Treffen mit meinem Bruder verabredet. Außerdem – ist es nicht viel netter mit Leuten meines Alters draußen auf einer Terrasse zu sitzen, anstatt mit Herrschaften den Abend zu verbringen, die alle mindestens zwanzig Jahre älter sind als ich? Nicht unbedingt. Das Gespräch zwischen meinem Bruder und seinen Freunden inspiriert mich nicht besonders.

Da heißt es gute Miene zu bösem Spiel machen.

Alle drei kommen sie fast um vor Hunger. Sie bestellen Vorspeisen und große Teller Steak mit Pommes frites, für zwanzig Dollar die Portion. Ich begnüge mich mit einem großen Salat.

Ich habe folgende Hoffnung: ihre Wahl im Rahmen zu halten (was das angeht, ist es schon verpatzt); sie die Differenz spüren zu lassen: mein Salat kostet neun Dollar.

Sie nehmen eine Flasche Wein, natürlich einen guten. Der kommenden Ungerechtigkeit entgegenschauend entschließe ich mich, mir mein einziges Vergnügen zu gönnen: einen Kir Royal.

Die Rechnung liegt auf dem Tisch. Sie haben inzwischen noch weitere Flaschen Wein bestellt.

Ich halte nicht stand. Ich ziehe dreißig Dollar aus meinem Portemonnaie: »Hier, mein Anteil«, sage ich, ohne hinzuzufügen, was es meint: mein Essen kostet achtzehn Dollar, Service inklusive, das soll ausreichen. »Oh, natürlich!« ruft der Freund. »Du kannst auch weniger geben, zwanzig Dollar! Ich habe viel getrunken, klar, dass ich mehr bezahle.« – »Nein, ist schon gut«, sage ich verlegen.

Und wieder! Für zehn eingesparte Dollar habe ich es geschafft, so zu erscheinen, wie ich es partout vermeiden wollte: kalkulierend und geizig.

Aber es gab keinen Grund, ihm sein Getränk zu bezahlen!

Und überhaupt, was soll man von Freigebigkeit halten, die darin besteht, dass gewisse Leute vom Geld anderer profitieren?

Ich lade Freunde lieber nach Hause zum Essen ein, als dass ich mit ihnen ins Restaurant gehe. In Amerika bringen die Gäste eine Flasche Wein mit.

Ich bin eine sparsame Köchin. Ich kenne einige gute Rezepte und eine ganze Palette von Nachspeisen, welche die Amerikaner regelmäßig erblassen lassen. Will man in Frankreich seine Gäste beeindrucken, muss man Gebäck von Lenôtre auftischen. Meine Gäste sind gut bedient und es wird nicht teuer, zumal oft Reste für den nächsten Tag übrig bleiben, wenn es nicht sogar für ein weiteres Abendessen in der nächsten Woche reicht. Dann friere ich ein.

Manchmal serviere ich Speisen, die teuer wirken: Jakobsmuscheln, Kalbsragout. Doch nur, weil ich die Fischgeschäfte von Chinatown entdeckt habe, die bedeutend billiger sind als die Läden meiner Gegend, deren Sonderangebote inbegriffen.

Es stimmt, mit dem Fisch, inklusive der Vorspeise, dem Wein und der kleinen Besorgungen in meiner Nähe, kommt mir ein Abendessen zu

Hause unterm Strich teurer zu stehen, als wenn ich im Restaurant einfach meinen Anteil zahlen würde. Hinzuzählen muss man den Vormittag mit den Einkäufen, den Nachmittag mit den Vorbereitungen, den Hausputz davor und das Aufräumen danach: ein ganzer Tag Arbeit. Das macht nichts. Ich habe die Leute lieber an meinem Tisch. Die Ausgaben sind unter Kontrolle. Ich bin die Hausherrin. Und halte die Gesellschaft in Schach.

Ich habe eine Freundin, die wenig Geld und dazu einen Haufen Schulden hat. Sie hat noch nie jemanden besucht, ohne eine gute Flasche Wein mitzubringen – selbst wenn sie nur als Begleitung mitkommt.

Das finde ich bewundernswert. Das absolute Gegenteil von mir und meinen Brüdern, die wir hoffen, in der Menge unterzutauchen. Warum etwas mitbringen, wenn es nicht auffällt, dass man mit leeren Händen kommt? Warum sollte ich auch etwas mitbringen, ich, die sowieso nichts trinkt?

Oft nehmen wir eine Flasche Wein oder Champagner von Vater und schenken sie unseren Freunden. Mit dem Wein von Papa sind wir nicht kleinlich.

Meine alte Freundin, die mich in New York besuchen kommt, trinkt viel. Sie macht den ganzen

Schrank leer. Ich nenne sie Madame Pop, wegen des Geräuschs, wenn der Korken knallt.

Sie, die sich zu Hause in Paris zwischen der Anschaffung eines Buches und einem Restaurantbesuch entscheiden muss, hat eine beträchtliche Summe mitgebracht, für die Museen, die Taxis, die Geschenke. Am Ende des Aufenthalts hat sie noch viel übrig. Sie will es auf den Kopf schlagen und mich ausführen: jetzt habe sie einmal die Möglichkeit! Ich protestiere: sie solle es besser wieder nach Paris mitnehmen. »Aber nicht doch«, sagt sie, »gehen wir aus und amüsieren uns!«

Sie lädt mich in ein französisches Restaurant ein, in ein thailändisches, in einen Jazz-Club und noch in ein anderes Restaurant. Am Ende hat sie nur noch das Geld für das Taxi zum Flughafen übrig.

Vor ihrer Abreise essen wir bei mir noch ein Omelett mit Spinat. Ich frage sie: »Möchtest du Wein?« – »Nein, schon gut…« – »Bestimmt nicht?« – »Was sollst du danach mit der angebrochenen Flasche anfangen? Nein nein, danke, nicht nötig.« Ich erinnere mich nicht, ob ich die Flasche aufgemacht habe. Ich finde wirklich, dass sie bei dieser letzten Mahlzeit auf die Schnelle auch einmal verzichten konnte.

Ein feiner Stachel von Unmut hat sich zwischen uns gelegt, trotz der zwei schönen

Wochen, die wir miteinander hatten. Ich weiß warum. Vier Abende hintereinander habe ich mich von ihr einladen lassen: ich habe mich daran gewöhnt und gar nicht mehr protestiert. Bestimmt hat sie nun vor Augen, was sie sich anderes für dieses leichtfertig ausgegebene Geld hätte leisten können.

Als sie einmal in Paris auf ihren Aufenthalt in New York zu sprechen kommt, wird sie sagen, wie wunderbar es gewesen sei und wie glücklich es sie gemacht habe, mich jeden Abend einladen zu können.

Jeden Abend. Ich sage nichts. Ich lächle, danke ihr. Ich sehe wohl, dass sie mir böse ist.

Hier rührt man an ein neues Problem: wenn Großzügige und Geizige aufeinandertreffen. Die Geizigen sind taktlos. Sie spüren die Grenze, beschließen aber, sie zu übersehen. Sie schießen auf den Pianisten.

Ich habe diesen Ausspruch nie verstanden, doch erinnere ich mich, wie meine Großmutter immer sagte: »Man schießt nicht auf den Pianisten, niemals!«

Die eigentliche Taktlosigkeit gegenüber meiner Freundin liegt nicht darin, dass ich sie vier Abende hintereinander bezahlen ließ und ihr großzügiges Angebot zur Pflicht wurde. Es war mein Blick auf die Flasche, die sie gerade köpfte.

Es waren meine belanglos dahin gesagten Worte: »Es tut mir leid, dass es kein besonders guter ist, aber weißt du, hier in den USA ist der Wein verdammt teuer! Du findest keine Flasche unter fünf Dollar, Wein, der in Paris nicht mehr als ein Euro kostet!«

Ist die Botschaft rübergekommen?

Jedes Mal wenn ich in Paris zu ihr zum Abendessen gehe, stellt meine alte Freundin eine Flasche Champagner auf den Tisch, für uns beide. Weil sie weiß, dass Champagner das einzige alkoholische Getränk ist, das ich wirklich mag.

Als an einem Abend mein Mann mitkommt, holt sie eine Flasche alten Calvados, vor zehn Jahren aus der Normandie mitgebracht, aus dem Schrank hervor. Das sind die Abende, wie meine Freundin sie liebt und nur noch selten genießt. Trinken und reden, bis tief in die Nacht. Gar nicht mehr aufhören.

Ich, die nüchtern bleibt, lasse mich nicht mitreißen.

4

Das Omelett

Meine alte Freundin weiß, dass ich geizig bin und mag mich trotzdem. Eine wahre Freundin.

Ich bin geizig, aber möchte es lieber nicht sein. Ich selbst falle als erstes meinem Geiz zum Opfer.

Eigentlich glaube ich, dass leben verschwenden, genießen, verschenken, ohne zu rechnen heißt. Vor allem nicht rechnen.

Ich kann in Wut auf mich geraten. Ich kann dagegen angehen. Es hilft alles nichts: mein erster Instinkt ist geizig zu sein.

Ich werde es schließlich wie Großmutter machen: andere einladen und mit meinem mühsam Ersparten bezahlen. Ich werde die-Frau-die-schneller-zahlt-als-ihr-Schatten sein, doch ich werde die Geizige bleiben: diejenige, die rechnet.

Mein jüngerer Bruder teilt das Omelett, das ein Freund zubereitet hat, in zwei Stücke. Im Vorbeigehen sehe ich, dass er das größere Stück genommen hat. Ich kann mich nicht beherrschen einzuschreiten: »Und wenn ihr tauschen würdet?« Mein Bruder beißt die Zähne zusammen, überlegt und antwortet ungerührt, indem er mir in die Augen sieht: »Du bist die leibhaftige Sparsamkeit.«

Ich lache, erblasst. Wegen eines Omeletts, das mich gar nichts angeht. Sparsamkeit. Das Wort trifft mitten ins Herz. Mein Bruder hat gut gezielt.

Er ist wütend über die versteckte Verdächtigung in meiner Bemerkung: »Und wenn ihr tauschen würdet?« Um wahrzunehmen, dass ein Teil größer ist als der andere und gleich zu vermuten, dass er mit Absicht den größeren genommen hat, muss man von kleinem, engen, sparsamen Geist sein.

Die Wut meines Bruders fällt auf ihn zurück: um meine Kleinlichkeit zu bemerken, muss man diese Kleinlichkeit auch an sich haben. Er hat, wie ich, das rechnende innere Auge. Aber als Philosoph kämpft er gegen sich selber an, fest entschlossen seiner Kleinlichkeit nicht nachzugeben. Vielleicht hat er auch ungewollt das größere Stück vom Omelett genommen; und eigentlich ist es ihm egal.

Wie gern wäre es mir egal.

5

Business, Luxus, Liebeslust

Im Kaufen bin ich gut, im Verkaufen schlecht. Ich kann meinen Wunsch verstecken und die Dinge der anderen schlechtreden, um sie zu einem guten Preis zu bekommen. Hingegen meine Dinge auf den Markt zu bringen, macht mir Angst. Ich brauche nur eine Sache zu besitzen, und schon verliert sie ihren Wert.

Ein Kulturattaché im Ausland empört sich: der berühmte Schriftsteller, den er eingeladen hat, verlangt auf die letzte Minute ein Ticket erster Klasse, sonst trete er die Reise nicht an. Was für eine Unverschämtheit! ruft der Attaché. Er überlegt, das Programm abzusagen, treibt aber schließlich das Geld für das Ticket auf.

Daraufhin zeigt er sich durch das Kommen des Schriftstellers viel mehr geehrt und er empfängt ihn um so herzlicher, da er für ihn mehr als üblich investiert hat.

Das würde ich gern erreichen: entweder erster Klasse reisen oder gar nicht. Meinen Preis bestimmen.

Doch, im Gegenteil, mich erstaunt und beschämt es, wenn man etwas für mich tut: ich bin es nicht wert.

Im Business fehlt es mir an Kühnheit. Ich habe die Haltung einer Angestellten, deren Gehalt jeden Monat vom Himmel fällt.

In einem Buch von Pierre Bourdieu über das symbolische Kapital der Lebensstile habe ich gelesen, dass, statistisch betrachtet, die meisten Künstler und Schriftsteller Kinder von Freiberuflern sind. Das erschreckt mich. Ich bin Angestellte und Tochter von Angestellten.

Ein Freund sagt mir: »Kündige. Brich die Brücken hinter dir ab. Dein Schreiben wird sich radikal verändern. Du wirst für dich selbst aufkommen.«

Dazu bin ich nicht fähig. Ich brauche ein Netz für den Fall des Absturzes.

Meine Eltern sind mächtig stolz, als sie meinen ersten gedruckten Artikel lesen. Mein Vater wundert sich aber doch, dass ich dafür nicht bezahlt werde. Etwas wie Herablassung steckt in seiner Verwunderung.

Wer nicht fragt, bekommt auch nichts.

Ich nehme mein Herz in die Hand und verkünde dem Direktor der Zeitschrift, dass ich bezahlt werden möchte. Er schaut mich mit amüsierter Miene an. »Bezahlt? Wieviel?« – »Ich weiß nicht«, antworte ich errötend. »Aber ich habe eine Freundin, die für ein Magazin schreibt, sie bekommt jeden Artikel bezahlt. Für zwei Seiten hat man ihr dreitausend Francs gegeben.« – »Welches Magazin?« – »*Glamour*.« Knallrot inzwischen wünsche ich nur noch im Erdboden zu versinken. Wie kann man nur diese angesehene Literaturzeitschrift, die meine Artikel veröffentlicht, und *Glamour* miteinander vergleichen? Bin ich nicht gerade dabei, es mir mit dem Direktor auf immer zu verscherzen? Ich möchte alles zurücknehmen. Was zählt, sei, dass ich publiziere. Ich sei ihm dankbar, dass er mich nimmt. Er brauche mich nicht dafür zu bezahlen! Er antwortet mit einem wohlwollenden Lächeln, das er nur langsam zurücknimmt, als wollte er mir so die Augen öffnen. »Mädchen, die Zeitschrift trägt sich durch Subventionen. Falls Sie Geld brauchen, sagen Sie es, es wäre mir eine Freude, Ihnen welches zu geben. Wieviel wollen Sie?«

Er hat sein Scheckheft herausgezogen. Ich bin blutrot. Da stehe ich also und halte die Hand nach einem Sou auf, als stünde ich vor einer meiner Großmütter. »Nein, nein, das ist es nicht, ich brauche kein Geld, es tut mir leid, Pardon.«

Der Fall ist erledigt. Er hat mich so viel gekostet, so sehr erniedrigt, dass ich jahrelang Geld nicht mehr ansprechen werde.

Einen Roman veröffentlichen. Für gewisse Leute von außen sieht es so aus, als fiele er vom Himmel.

Bei Vertragsunterzeichnung stellt mir mein Verleger einen Scheck über fünftausend Francs aus. Bei Erscheinen des Buchs gibt er mir weitere fünftausend Francs. Das ist zwar nicht umwerfend, aber immerhin etwas. Ein Vorschuss auf den Verkauf. Mein erster Roman erscheint in einer Auflage von fünftausend Exemplaren.

Mein Vater, der meine Post geöffnet hat, sagt es mir am Telefon: »Fünfhundert verkaufte Exemplare. Du schuldest dem Verlag sechstausend Francs.« Er stelle nur fest. Er denke, dass ich das Geld zurück zahlen muss.

Seine kurze Äußerung drückt mir das Brandmal der Demütigung tief ins Fleisch. Ich bin nicht einmal jenes erste Geld wert, das ich durch mein Schreiben verdient habe. Ich bin gerade eben viertausend Francs wert. Eigentlich ist es zum Lachen.

Ich glaube, dass es noch keinem Schriftsteller so ergangen ist. Dieser Scheck scheint mir wie ein Makel im Gesicht geschrieben zu stehen. Ich bin überzeugt, die ganze Welt weiß Bescheid: dass ich Schulden bei dem Verlag habe, dass sie mir zehntausend Francs gegeben haben, weil sie mir vertraut haben (wie sie auch dem Herausgeber der Reihe vertraut haben, der sich für das Buch eingesetzt hat), und dass sie sich, was mich betrifft, getäuscht haben: ich bin ihr Vertrauen nicht wert.

Ich wage kaum, über die Schwelle des Verlagshauses zu treten. Ich fühle mich wie eine Diebin. Jede Erwähnung meines Buches – auch die schlichte Feststellung der Angestellten der Presseabteilung: »Ein Flop« – reißt die Wunde wieder auf. Ich schäme mich entsetzlich. Die geringe Anzahl der verkauften Exemplare lässt Papa lachen. Er hat keine Ahnung, dass mich sein Lachen niederschmettert.

Das Buch kann gar nicht gut sein, denn es verkauft sich nicht. Jeder Leser, der mich schätzt, kann in meiner Wertschätzung nur sinken.

Ich brauche mehr als fünf Jahre, um wieder hochzukommen. Ich befürchte, dass mir die Türen nun verschlossen bleiben. Welcher Verleger investiert schon in dieses aussichtslose Unterfangen, in einen Schriftsteller ohne Leser?

Das Universaldenken. Die Clique sitzt zusammen und wir biegen uns vor Lachen, als wir den Roman von einem unserer Freunde, den er auf eigene Kosten veröffentlicht hat, mit langen Fingern wie ein benutztes Taschentuch in die Hand nehmen. Wir lesen die ersten drei Zeilen. »Nur zu, mein Proust!« schreit einer von uns, wie eine Dame von Welt, die nach Riechsalz verlangt, weil sie kurz vor einer Ohnmacht steht.

Wir haben keine Ahnung, dass Proust den ersten Band seiner *Recherche* bei Grasset auf eigene Rechnung publiziert hat.

Mit der Unterstützung meines Mannes lerne ich die Verhaltensregeln des Marktes. Der Verleger ist Geschäftsmann. Nicht er wird den Wert meines Buchs hoch schätzen. Ich selbst muss meinen Preis bestimmen. An mich glauben.

Gar nicht so einfach, an sich zu glauben! Aber man muss es tun. Es ist sogar ein Zeichen von Bescheidenheit. Denn es hieße eine große Arroganz, wenn man darauf verzichten würde, sich zu verkaufen, indem man sich sagte, der Wert seines Werks werde sich erst in den Augen der Nachwelt offenbaren. Diese Haltung ist von Dummheit und Verblendung kaum zu unterscheiden. Man sage sich besser: verkannte Genies gibt es nicht.

Bei meinem vierten Buch, für das ich entschlossen bin zu kämpfen, eröffne ich dem Herausgeber, dass ich Geld verdienen will. Er ist einverstanden. »Man sollte nicht übertreiben und gleich hunderttausend verlangen«, sagt er, »aber fünfzigtausend…« Ich verberge meine Überraschung. Hunderttausend? Nie hatte ich an eine solche Summe auch nur gedacht. Fünfzigtausend war mir riesig erschienen.

Ich erhalte den Vertrag mit einem liebenswürdigen Brief des Verlegers, in dem von Geld nicht die Rede ist.

Ein paar Jahre zuvor hätte mich solch ein Brief in den Wolken schweben lassen. Jetzt drehe und wende ich ihn wutschnaubend in den Händen. Macht man sich über mich lustig?

Zwei Tage später kommt ein weiterer Brief, vom Assistenten des Verlegers, mit dem Angebot von zwanzigtausend Francs. Geld wird separat behandelt.

Wutentbrannt formuliere ich meine Antwort, führe meine Klagen auf und bringe meine Verstimmung über solcherart Sparsamkeit zum Ausdruck.

»Nein«, sagt mein Mann. »Du schreibst an den Assistenten des Verlegers, bedankst dich und teilst ihm lediglich mit, dass er sich in der Summe, die ihr vereinbart hattet, geirrt habe.« – »Mit ihm habe ich gar nichts vereinbart! Ich habe ihn nie gesehen.« – »Aber diese Summe hast du mit dem Herausgeber vereinbart, und der spricht im Namen des Verlages.«

Einen solch kurzen Brief hatte ich noch nie verfasst: »Sehr geehrter Soundso, ich bedanke mich für Ihren Brief vom … und für Ihr Angebot über zwanzigtausend Francs. Es waren aber fünfzigtausend vereinbart. Mit freundlichen Grüßen, usw.«

Als ich nach Paris kam, sagte mir der Assistent mit einem breiten Lächeln, dass er die fünfzigtausend für mich »durchgekriegt« habe.

»Fordere zweihunderttausend«, sagt mein Mann beim nächsten Buch. Man muss viel fordern und dann verhandeln: nur so kann man sich Bedeutung verschaffen.«

Die Summe erscheint mir maßlos übertrieben. Wer bin ich, dass ich es wagen könnte, darauf zu bestehen? Die werden mich auslachen!

Aber ich will es für mein Buch tun und den Mut aufbringen, »für mich aufzukommen«, so wie man nicht zögert, manchmal für sein Kind seinen Stolz zu opfern. Ich muss ihm seine Chance geben.

Mit einem etwas genierten Lachen signalisiere ich am Telefon dem Herausgeber die geforderte Summe.

Am nächsten Tag ruft er zurück. Der Verleger sei an die Decke gesprungen: das käme nicht in Frage; auf dieser Basis würde er nicht einmal verhandeln.

Ich höre zu, mit zerknirschter Miene, wie ein kleines Mädchen, das auf den Pianisten schießt und dafür Vorwürfe kassiert.

Schon bereit, den Rückzug anzutreten, mich in Entschuldigungen zu ergehen.

»Armer Verleger«, sagt mein Mann lachend, »ob er sich eine dicke Beule zugezogen hat? Natürlich ist er an die Decke gesprungen: that's business as usual.«

Business also.

Business. Das Wort verströmt den betörenden Charme der Grand-Hotels, mit ihrer Lobby, ganz in Marmor, und den weichen Polstersesseln, in denen man sich ganz entspannt niederlässt und einen Whisky on the rocks trinkt, von einem liebenswürdigen Kellner eilfertig serviert, und sich lauschend der zarten Musik hingibt, die ein Flügel verbreitet, hinter dem ein kürzlich aus Russland emigrierter verschwiegener Virtuose sitzt. Limousinen, Taxis zwanzig Mal am Tag (sollte es in der Stadt andere Verkehrsmittel geben?), Golf- und Tennis-Clubs, Reisen mit der Concorde, lächelnde Stewardessen, die in Ihrem Bett landen, wenn Sie es wünschen, Sie umsorgen, derweil man auf den französischen Champagner und die Entenbrust wartet, die Sie umschwirren und Ihnen Wiegenlieder singen (man sehe sich nur die Werbung von British Airways in den Zeitschriften an, wo eine Mutter aus den dreißiger Jahren einen kleinen beleibten, auf seinem Sessel ausgestreckten Geschäftsmann mit Schnurrbart in den Armen hält), Fünf-Sterne-Restaurants, in denen man speist und trinkt ohne auf den Preis zu achten, italienische Maßanzüge, das ausgesuchte Paar Strümpfe aus schottischem Garn, perfekt gebügelte Hemden, die man mit goldenen diamantbesetzten Manschettenknöpfen trägt, Schuhe zu tausend Euro das Paar, die Rolex, die lässig, männlich aufs Handgelenk fällt, Luxus wo man hinsieht. Aus dem Vollen schöpfen. Das Leben in vollen Zügen genießen.

Möglicherweise sind die meisten dieser Jungs, die mit fünfundzwanzig gleich nach der Wirtschaftsakademie enorme Summen verdienen, größtenteils kleine Wichser. Möglicherweise fasziniert mich Geld, weil ich auf die Zeit gesetzt habe.

Aber die Konstitution des Geschäftsmanns – die Zähigkeit, die Sicherheit, das Selbstvertrauen, die Kühnheit, die Frechheit, der Hochmut, alles das, was man haben muss, um erfolgreich Geschäfte zu machen – habe ich nicht.

Misserfolg deprimiert mich. Nicht nur mein eigener. Wenn ich Abend für Abend an einem menschenleeren Restaurant vorbeikomme und mir der Besitzer, trübsinnig die Ellbogen auf die Theke gestützt, einen Blick zuwirft ohne einen Funken Hoffnung, dass ich eintreten könnte, frage ich mich, wie es nur möglich ist, dass er sich noch nicht die Kugel gegeben hat.
Der Geschäftsmann ist ein Spieler. Er wägt die Risiken ab, kalkuliert, doch er bietet. Er bietet, immer bereit zu verlieren. Alles: seine Güter, sein Geld, seine Liebe, sein Leben.

Ich spiele nicht, ich habe zu große Angst vor dem Verlieren.

Genauso hat es mein Mann bei mir »geschafft«. Er war von Beginn an bereit, mich zu verlieren. Und zu keinem Kompromiss, mich zu halten. Er hatte keine Angst davor, allein zu sein. Er kannte seinen Wert. Das hat mich verblüfft.

Business: die Haltung derer, die bestimmen; die zählen, aber großzügig; die verdienen, aber nicht zu knapp; die die fundamentalen Regeln, das Spiel des Lebens zu lenken, verstanden haben und die ganz lässig mit ihren Bauern auf dem Schachbrett hantieren. »Das Geld!« sagt mir eine junge Bankiersfrau. »Wenn es auch nicht glücklich macht, so beruhigt es doch. Besser reich und glücklich als arm und verzweifelt. Wenn ich die Wahl habe zwischen einem Shetland- und einem Kaschmir-Pullover, nehme ich den aus Kaschmir; zwischen Modeschmuck und einem Diamanten: den Diamanten; zwischen Plüsch und Nerz: den Nerz.«

Die Liste ließe sich fortsetzen. Was schön und gut ist, das kostet in der Regel. Die besten Plätze in den schönsten Konzerten, die exquisiten Gänseleberpasteten, ein stiller blühender Garten, Sonne im Winter, ein Zimmer mit Aussicht.

In den ersten Jahren brauche ich meinen Mann in seinem dunklelblauen Anzug, den er sich für unsere Hochzeit gekauft hat und danach zu bestimmten wichtigen beruflichen Anlässen trägt, nur zu sehen, schon bin ich vor Entzücken ganz außer mir.

Besonders, falls es nicht bei uns Zuhause passiert, sondern in einem Grand-Hotel, wohin ich ihn anlässlich eines Wirtschaftskongresses begleite. Mit seinem Schildchen am Revers und seiner geschäftigen Miene ist er von einer Schönheit zum Dahinfließen. Ich würde ihn am liebsten abküssen.

Genauso stand mein Mann plötzlich vor mir. Nicht im Anzug, denn ich habe ihn auf einem

Studenten-Abend kennen gelernt – aber umgeben vom Nimbus des Geldes. Ich war fünfundzwanzig, teilte mir mit jemandem in einem ärmlichen Viertel eine preiswerte Wohnung nur mit den Möbeln, die man auf der Straße gefunden hatte, fuhr auf einem alten Fahrrad durch die Gegend und traf mich mit Studenten, die, immer abgebrannt, peinlich genau die Rechnung in der Pizzeria auseinanderdividierten.

Er hat mich besucht. Er ist in einem nagelneuen Auto gekommen und hat mich am selben Abend, ganz unverhofft, nach New York zum Essen ausgeführt. Es hätte nichts Aufregenderes geben können: an einem Samstagabend sich im Herzen von Manhattan wiederzufinden, in einem schönen Auto mit mir auf dem Beifahrersitz. Er hat alles gezahlt: am Mittag die Einkäufe für das Picknick, am Abend das Restaurant in New York. Der perfekte Gentleman.

In den mageren Studentenjahren habe ich schon eine Menge Ersparnisse, die noch aus Babysitterzeiten stammen und die zusammen mit meinem Einkommen als Lektorin an der Universität im Jahr zuvor eine hübsche Summe ergeben. Ersparnisse sind heilig: ich rühre sie nicht an.

Was ich danach von meinem Mann zu sehen bekomme, wird den ersten Eindruck bestätigen.

Ein Auto wird er zwar nicht haben, jenes, das er am ersten Wochenende fuhr, war nur geliehen. Aber er wird eine Wohnung haben, für sich ganz allein, so groß wie die, die ich teile, mit richtigen Möbeln, einem Garten und, vor allem, jenen Symbolen des modernen Lebens: großer Fernseher, Tonband, Hifi-Turm mit erstklassigen Lautsprechern, Espressomaschine und vieles mehr. Also jemand, der zu leben versteht.

Pierre. Sein Anderssein erstaunt unsere Clique, obwohl dort einige wirklich merkwürdig sind. Er trägt elegante Anzüge, Krawatten, einen langen schwarzen Mantel, einen schwarzen Hut, einen Stock. Er hat feine, vornehme Züge und spricht mit dem Akzent des Landes, in dem er aufgewachsen ist.

Pierre ist achtzehn Jahre alt. Ich neunzehn.

Wir wissen, dass er reich ist. Er fährt schon ein eigenes Auto, einen R5, wie der meiner Mutter, und kommt damit zur Schule. Das beeindruckt uns ungeheuerlich. Pierre ist unser Gesprächsstoff.

Pierre bringt mich eines Abends nach Hause und fragt mit seinem exotischen Akzent: »Ich möchte Sie gern zum Essen ausführen. Würden Sie die Einladung annehmen?«

Pierre siezt die Leute ausschließlich. Ich weiß nicht, ob er mich allein oder auch die anderen damit meint. Er löst das Missverständnis auf: er möchte mich allein einladen, Tête-à-tête.

Enorm geschmeichelt greife ich zu:

»Warum nicht heute Abend?«

»Ja, warum nicht.«

Anstatt mich an meinem Schreibtisch mit Griechisch oder Latein zu befassen, fahre ich mit Pierre in seinem Auto davon. Ich habe das phantastische Gefühl von Abenteuer. In Paris, am Abend, vorne im Auto sitzend, auf der Suche nach einem Restaurant, mit einem feschen und reichen Mann, der mich gefragt hat, ob er mich zum Essen einladen darf! Ich betrachte Paris bei Nacht, bin atemlos vor so viel Schönheit. Als wir gerade einen Platz hinter uns gelassen haben, von dem ich nicht weiß, dass es sich um die Place Vendôme handelt, und eine lange, angestrahlte Fassade entlangfahren, kann ich einen Aufschrei nicht unterdrücken: »Ist das schön!« – »Gefällt es Ihnen? Wir könnten dort essen. Das Restaurant ist in einem Kellergewölbe aus dem siebzehnten Jahrhundert, ganz hübsch.«

Pierre führt mich ins Restaurant des Interconti. Ein Oberkellner im Frack geleitet uns an einen Tisch. Er sagt Monsieur und Madame. Ich bin furchtbar eingeschüchtert, von Luxus trunken, sagenhaft glücklich.

Während des Essens erzählt Pierre mir von seinen homosexuellen Abenteuern, die begannen, als er elf war, in der Jesuitenschule, wo er erzogen wurde.

Die Abendessen bei Pierre zu Hause sind Orgien von Luxus und Eleganz. Die exquisiten Speisen werden von der Hausangestellten serviert. Wir dinieren mit silbernem Besteck an einer Tafel mit bestickter weißer Tischdecke und großen silbernen Kerzenleuchtern. Ohne elektrisches Licht. Wir sind zehn, zwölf Personen. Pierre liebt große Tischgesellschaften.

Pierre lässt verlauten, dass er mir ein Geschenk machen möchte: er würde mir gern ein Abendkleid kaufen, für ein Diner bei ihm. Er findet mich schön, aber schlecht gekleidet.

Ich bin beleidigt. Für Pierre ziehe ich immer meine besten Sachen an. »Schlecht gekleidet.« Pierre kann sich nicht irren. Aber der Gedanke an ein Geschenk heitert mich auf.

Die Zeit vergeht, doch das Angebot konkretisiert sich nicht. Wird er auf sein Wort zurückkommen? Hat er es vergessen? Ich bin unruhig. Ich will mein elegantes Kleid. Ich frage ihn, was damit sei. Ja, ich frage ihn. Da zeigt sich mein Feingefühl. »Und, dieses Kleid, das du mir kaufen wolltest?« Schwierig für Pierre, höflich und immer ganz Gentleman, sich einer so direkten Frage zu entziehen. »Bald.« Er hätte die Autobatterie austauschen lassen und wäre gerade knapp bei Kasse. Pierre in Geldnöten? Es sieht danach aus, dass ich mein Kleid nicht bekommen werde.

Eines Nachmittags nach der Schule, als wir bei Balzar etwas trinken und er (wie immer) gerade bezahlt, fragt mich Pierre: »Wollen Sie Ihr Kleid kaufen gehen?«

Es gibt Angebote, die kann man nicht ausschlagen.

Wir fahren mit dem Auto in die Rue de Grenelle. Ich weiß weder, wo sich die Rue de Grenelle befindet, noch, was es bedeutet, Rue de Grenelle. Es ist das erste Mal, das ich dort bin. Wir gehen in ein Geschäft, das Pierre aussucht. Ich habe noch nie ein so teures Geschäft betreten. Gern würde ich gleich hier etwas finden: ich befürchte, dass Pierre, falls wir das Geschäft verlassen, umfällt und sein wahnwitziges Angebot zurückzieht.

Ich probiere einige Teile an, darunter eine wunderschöne rote Seidenbluse mit Stehkragen und eine schwarze Hose aus Wildseide. Die Verkäuferin holt mir Schuhe mit Absatz, die besser dazu passen als meine flachen Schuhe. Ich kann darin nicht laufen und trete wackelnd aus der Kabine, um mich Pierre zu präsentieren.

Man hätte uns sehen sollen. Mich im vollen Schmuck, der alles, was ich jemals getragen habe, in den Schatten stellt, die Wangen rot vor

Aufregung, in strahlender Schönheit durch die Kleider und durch Pierres Blick, der auf mir ruht, Kennerblick, Besitzerblick. Pierre, achtzehn Jahre alt, in seinem schwarzen Mantel, mit seinem schwarzen Hut und seinem Stock, an die Wand des Geschäfts gelehnt und eine dicke Zigarre paffend, Pierre, an den sich die Verkäuferin mit Respekt wendet:

»Der Vorteil dieser Kombination liegt darin, dass man die Bluse ohne weiteres mit einer Jeans auch zu einem schlichten Abendessen in der Stadt tragen kann.«

»Das schert mich wenig«, entgegnet Pierre seelenruhig in seinem fremden Akzent. » Es soll für ein einziges Abendessen sein. Unwichtig, was sie nachher damit tut.«

Die Verkäuferin sperrt die Augen auf und sagt nichts weiter. Ich erröte, kann ich mir doch die Fragen denken, die sie sich stellt. Ich wirke wie eine brave Studentin und Pierre spricht von mir, als wäre ich eine Edelnutte. Er hat das Recht dazu. Er bezahlt.

Als wir die Boutique verlassen, trage ich die Tasche mit der schwarzen Hose und der roten Seidenbluse in der Hand. Der Gedanke an den Preis brennt mir wie Scham auf der Seele und fast überkommt mich ein Lachanfall. Was für manche ein Monatseinkommen bedeutet, das haben wir in Garderobe für einen Abend umgesetzt. Ein wenig geniert bedanke ich mich bei Pierre.

Das Abendessen findet statt. Alle wissen, dass ich in den Kleidern erscheinen werde, die Pierre gekauft hat. Er erzählt es ohne besondere Diskretion herum. Alle glauben, dass ich mit ihm schlafe. Ich gewinne an Ansehen.

Pierre betrachtet mich mit Befriedigung. Er hat mich neu geschaffen. Er findet mich schön. Er hat seinen Philosophielehrer eingeladen, mein Lehrer vom letzten Jahr, ein Mann um die fünfzig, dessen Blick ich fürchte, weil er meine Nichtigkeit enthüllen könnte. Er hat mir einmal meine Klausur, die er mit Sechs benotet hatte, wortlos auf das Pult geschmissen. In der Pause musste ich mich übergeben.

Nun sieht er mich. Sein Blick drückt Erstaunen und Bewunderung aus. »Sie waren ein kleines Mädchen und jetzt sind Sie eine Frau geworden.« – »Dank der Kleider, die ich ihr gekauft habe«, sagt Pierre.

Ich erröte vor Scham, so als Objekt behandelt zu werden. Doch auch der Philosophielehrer wird glauben, dass ich mit Pierre schlafe. Das macht mich stolz. Er hegt für Pierre, das spürt man, einen tiefen Respekt.

Gegen zwei oder drei Uhr morgens liegen Pierre und meine Freundin Claire zusammengesackt und betrunken auf dem Sofa und tauschen vollmundig einen langen schmachtenden Kuss.

Ich schaue sie erstarrt an, entsetzlich eifersüchtig.

Um Pierre für sein Geschenk zu danken, gebe ich ein Abendessen. Ich lade dazu auch Claire und jenen Dressman ein, den Pierre in einem Schwulen-Club kennen gelernt hat und in den er verliebt ist. Alles soll perfekt sein. Jedes Detail ist wichtig. Ich hole das silberne Besteck von Vater und Mutter hervor, das gute Porzellan und die Kristallgläser. Das Sorbet kaufe ich bei Lenôtre, auch die dazu gehörigen Biskuits – gewöhnliches Gebäck täte es einfach nicht.

Mit Vater und Mutter, die an diesem Abend ausgehen, gerate ich in Streit wegen einer Sache, die ich zur Vervollkommnung meines Diners bräuchte, aber nicht benutzen darf. Ich stehe kurz vor einem hysterischen Anfall. Pierre wird gleich kommen. Meine Eltern schreien, dass ich lächerlich wäre: als ob man für Schnösel von achtzehn Jahren kleine auf großen Tellern brauche! Ich heule. Ich hasse sie. Sie verstehen gar nichts.

Im Nachtclub ist Pierre an einem Samstagabend von einem Unbekannten angesprochen worden, der ihm Komplimente zu seiner Krawatte machte. Pierre erzählt, er habe sie gleich abgezogen und dem Unbekannten in die Hand gedrückt, ihn inständig bittend, das Geschenk anzunehmen.

So würde man es in dem Land tun, aus dem er kommt. Wenn Ihnen jemand sagt, dass Sie etwas Schönes besitzen, dann sollen Sie es ihm schenken.

Ich beglückwünsche Pierre zu seinem wunderschönen altrosafarbenen Kaschmirschal. Gern würde er ihn mir vermachen, sagt er, aber dann wäre seine Großmutter beleidigt, die ihm erst kürzlich den Schal geschenkt habe.

Lange wird mir diese Geste von Pierre zu denken geben, die Krawatte abziehen, um sie einem Unbekannten zu schenken.

Das muss Edelmut sein.

Jahre später, als meine Mutter den Schmuck an meinem Hals sieht, ruft sie begeistert aus: »Zeig mal, wie entzückend!« Ein vergoldetes Medaillon, das ich für zehn Dollar in Mexiko gekauft habe und das viel hermacht: man fragt mich oft, wo ich das gefunden hätte. Nach Mutters Kompliment bin ich schmerzlich erstarrt. Eine Stunde vergeht, bis ich es vom Hals nehme und ihr gebe: »Hier, Mama.«

Es war vielleicht das einzige Mal, dass ich es geschafft habe, etwas herzugeben, das mir fehlen würde und das ich gern behalten hätte.

Nur der Moment des Hergebens hat mich etwas gekostet. Danach habe ich mich viel leichter gefühlt – glücklich, es einmal über mich gebracht zu haben, Mama eine Freude zu machen, indem ich ihr etwas gegeben habe, das ihr gefiel.

Verzichten. Das bedeutet vielleicht mehr als schenken, zeugt von wahrer Großzügigkeit. Und von einer gewissen Freiheit.

Ich beeile mich und stopfe mir noch schnell die Taschen voll, bevor sich die Tore des Wunderlands schließen – solange es umsonst ist.

Großmutter verkündet mir, dass eine alte Bekannte von ihr ein Geschenk für mich hat. »Sie war einmal hier, hat uns ihre Geschichte erzählt und du hast ihr so mitfühlend zugehört. Sie ist sehr unglücklich und sehr einsam.«

Ich kann mich weder an die alte Dame noch an mein Mitgefühl erinnern. Ich bin fünfundzwanzig, habe andere Dinge im Kopf. Doch bei einem Geschenk sage ich nicht nein.

Ich gehe sie besuchen. Sie wohnt in einer kleinen, dunklen Wohnung nicht weit von Passy. Das Geschenk ist eine goldene Brosche aus den zwanziger Jahren, von Edelsteinen eingefasst, die eine kleine Tänzerin darstellt. Solchen Schmuck trage ich nicht, aber ich bedanke mich herzlich.

Ich gehe wieder zu der alten Dame, die mir die tragische Geschichte ihres Lebens erzählt. Von ihrer einzigen Liebe, jenem Mann, der ihr Leben zerstört hat, als er mit der Sekretärin durchbrannte. Dass sie daraufhin ihre Tochter gemeinsam mit ihrer Schwiegermutter erzog, bei der sie inzwischen wohnte. Wie schön sie war, ihre Tochter! Wie fröhlich! Sie ist vom rechten Weg abgekommen: Liebeskummer. Sie hat angefangen, Drogen zu nehmen. Mit dreißig ist sie an einer Überdosis gestorben.

Die alte Dame weint und ich halte ihr die Hand.

Jetzt, da ihre Schwiegermutter und ihre Tochter tot sind, blieben ihr nur noch ihre Schwestern. Sie wären eine Pest und brächten nicht die geringste Zuneigung für sie auf, hofften nur, sie zu beerben. Aber keinen Sou werden sie bekommen, keinen Sou!

Wie gut und wie freundlich ich wäre, sie besuchen zu kommen, sagt die alte Dame mit besänftigter Stimme, Tränen in den Augen. Als ich aufbreche, besteht sie darauf, mir ein Geschenk zu geben. Nach der Brosche sind es nun zwei alte, in Leder eingebundene Bücher. Dann ein Hundert-Francs-Schein. Dann ein Scheck über hundert Francs.

Nachdem ich gegangen bin, überkommt mich ein Unbehagen. Ich rufe sie schließlich nicht mehr an. Sowieso ziehe ich bald nach Amerika.

Das Geld, das sie mir gab: es auszuschlagen hätte ich niemals fertiggebracht. Die alte Dame muss den Wunsch in mir nach diesem Geld gerochen haben.

Wieder etwas verdient.

Sie widert mich an, dass sie mir das Geld gibt, und ich mich selber, dass ich es nehme.

Großmutter, Pierre, die alte Dame. Und Walter. Walter, der österreichische Geschäftsmann.

Im Herbst, als ich neunzehn bin, fahre ich nach Wien, mit einem nicht besonders attraktiven Studenten, der meine heimliche Passion für Wagner, Mahler und Sachertorte teilt.

Wir belagern die Wohnung der Freunde unserer Freunde und kümmern uns nicht darum, ob wir sie stören könnten. Wir ernähren uns von Doseneintopf. Unser bescheidener Etat sieht lediglich die Eintrittskarten für die heiligen Hallen der Oper vor, die wir jeden Abend in feinstem Aufzug besuchen (der Student trägt sogar einen Frack), und nach der Oper im Hotel Sacher das gebührende Stück Sachertorte mit einer Cola.

Ich rufe Walter an, meine Bekanntschaft des letzten Sommers, und teile ihm mit, dass ich in Wien wäre. Wir verabreden uns in einem Restaurant.

Als ich ihn mit seiner bereits kahlen Stirn und seinem kleinen Bauch auf mich zukommen sehe, weiß ich, dass ich nicht verliebt bin. Er ruft aus, dass ich ihm hätte Bescheid geben sollen. Er hätte mich im Hotel untergebracht und mir Karten im Parkett besorgt!

Fast tut es mir leid, dass ich daran gar nicht gedacht hatte. Ich erkläre Walter, dass der Student und ich kein Paar seien, er mich nicht im geringsten anziehe: die Liebe zur Oper habe uns zusammen nach Wien gebracht. Nur, wir seien so knapp bei Kasse!

Ich will nur eins: dass er mir Geld gibt.

Ich verbringe zwei Tage mit Walter. Wir gehen ins Hotel. Wir essen in guten Restaurants. Er kauft mir ein Paar rote Lederhandschuhe, die ich unbedingt haben will. Wir schlafen nicht miteinander, weil ich es nicht möchte. Es entsteht eine leichte Missstimmung zwischen uns, als ob er durchschaut hätte, warum ich ihn angerufen habe: um von ihm zu profitieren.

Ich kehre mit dem Geld zu meinem Freund zurück: es ist für uns beide, dass wir es zusammen ausgeben. Mein Seitensprung hat dem Studenten den Kopf verdreht. Der festen Überzeugung, dass ich mit dem österreichischen Geschäftsmann ins Bett gegangen bin, hat er sich in mich verliebt.

Im Gegensatz zu Walter krankt der verliebte Student nicht gerade an zu viel Feingefühl. Als wir wieder in Paris sind und mir beim Hervorsuchen der Schlüssel mein Fünfhundert-Francs-Schein herunterfällt, das Taschengeld für den ganzen Monat, für Bücher, Zigaretten, Cafébesuche und die Sandwiches am Mittag, hebt er ihn auf und weigert sich, ihn mir wiederzugeben. Er behauptet, das wäre die Summe, die ich ihm schulde. In Wien hätte er viel mehr ausgegeben als ich.

In ihn könnte ich mich niemals verlieben. Er ist ein Geizhals. Geiz kann meine Lust töten.

Geiz, Armut nicht. Wie habe ich Francesco begehrt, der arm war.

Ich habe nicht mit dem pakistanischen Geschäftsmann geschlafen, der mir Godiva-Pralinen geschickt hat, in der Park-Avenue wohnte, im Restaurant bezahlte und mich zu seiner Geliebten machen wollte. Er war mir zu klein und hatte schon einen Bauch.

Im April hat Walter mich angerufen. Um mich zu sehen, hat er eine Geschäftsreise nach Paris erfunden. Er ist im Méridien an der Porte Maillot abgestiegen. Ich fühlte mich geschmeichelt, dass er wegen mir gekommen war.

Seit einem Monat hatte ich einen Freund. Ich war sicher, dass Walter sich für mich freuen würde.

Ich habe bei ihm im Méridien übernachtet. Wir haben begonnen, miteinander zu schlafen.

Ich habe geweint. Walter hat von mir abgelassen.

Am nächsten Tag sind wir durch Paris geschlendert. Er suchte nach einem Geschenk für seine kleine fünfjährige Tochter. Auch ich hatte Lust auf ein Geschenk. Da Walter vergessen hatte, es mir vorzuschlagen, habe ich ihn darum gebeten. Ich habe mir ein Paar marineblaue Riemchen-Schuhe aus der neusten Kollektion schenken lassen, die ich mir selbst niemals hätte leisten können.

Walter wollte in einem typisch französischen Restaurant essen. Da ist mir eine Idee gekommen. »Ich kenne ein Restaurant, nicht weit von hier, ein wunderschöner Ort mit einem wunderschönen Blick, aber es ist nicht ganz billig. Andererseits, du wirst sehen, ist es ein französisches Restaurant par excellence.« – »Du möchtest dort essen? Also gehen wir hin!«

Er ahnte nichts von der Überraschung, die ich mir ausgedacht hatte. Ich habe ihn in die Tour d'argent geführt. Ein Luxustempel, von dem ich Großmutter erzählen gehört und in den ich noch nie einen Fuß gesetzt hatte. Wozu hat man einen Geschäftsmann als Liebhaber?

Der Oberkellner wies uns einen Tisch mit Blick auf Notre-Dame und die Seine zu. Ich gab vor, kein Französisch zu verstehen. Mein Eindruck auf den Oberkellner und die anderen Bediensteten beschämte mich. Ich war wie eine Schülerin gekleidet. Walter war doppelt so alt wie ich; wie ein Vater verhielt er sich nicht gerade. Was konnte ich anderes sein als eine kleine Nutte?

Ich kann mich an den Walters Gesichtsausdruck erinnern, als der Kellner die Rechnung brachte – an seine vor Überraschung aufgerissenen Augen.

Ich habe Walter nie wiedergesehen. Er hat mir aus Wien noch ein Foto seiner kleinen Tochter geschickt, auf dem sie das in Paris gekaufte rosa Kleidchen trägt.

Meinen Wunsch hatte ich mir erfüllt: in die Tour d'argent eingeladen zu werden. Allzu stolz bin ich trotzdem nicht darauf. Ich habe es nicht herumerzählt. Die Geschichte wird später einmal einen Liebhaber ohne Geld sehr zum Lachen bringen.

Auf Reisen ist *Le Guide du routard* meine Bibel.

Mich in das Schwimmbad eines Luxushotels einzuschleichen (blond zu sein ist dabei von Vorteil), während ich ein Zimmer für zehn Euro in einer kleinen Pension ohne Schwimmbad gemietet habe, bereitet mir eine viel größere Freude, als ein Schwimmbad zu benutzen, das mir als Hotelgast offen steht.

In einem teuren Hotel bin ich angespannt, jede Kleinigkeit nervt mich, in der Überzeugung, für mein Geld nicht genug zu bekommen. Ich fordere missgelaunt, dass man Details, die mich stören, verändern soll. Mein Mann, er bittet mit einem liebenswürdigen Lächeln, ob es vielleicht möglich wäre, dass ... Ich werde wütend auf ihn. Seine Art ist mir lieber.

Der Unterschied zwischen meinem Mann und mir liegt auch darin, dass er Amerikaner ist. Ich mag die amerikanische Art: mit einem Lächeln bezahlen, sich etwas leisten, befinden, dass es seinen Preis wert ist. Geld ist dazu da, dass man es ausgibt. Einziger Imperativ ist der Komfort.

Vielleicht sind die Amerikaner, ignorant und ohne Geschmack, die Aristokraten von heute.

Mein Mann scheut keine Kosten, wenn es dem Wohlbehagen dient, er ermuntert mich, das zu kaufen, was mir gefällt, nimmt problemlos ein Taxi und ist großzügig mit Trinkgeldern. Aber er begeht keine Dummheit. Am Silvesterabend im Restaurant bestellt er mir keine Flasche französischen Champagner für hundertzehn Euro. Er fordert mich auf, etwas anderes als mein gewöhnliches stilles Wasser zu trinken: da ich das Sprudelnde gern hätte, einen Mousseux für vierzehn Euro.

Der Gedanke, dass ein Mann eine Flasche zu einhundertzehn Euro für mich bestellt, betört mich, aber ich fände es unvernünftig, besonders, wenn der Mann mein Ehemann wäre und wir gemeinsame Kasse machen – ohnehin, wenn es sich um meinen Mann handeln würde, wäre er zu dieser Geste nicht fähig.

Pierre hat eine vollkommen andere Philosophie. Er musste seine kostspieligen Gewohnheiten aufgeben, nachdem sein Vater Pleite gegangen war. Er hat gelernt, bescheidener zu leben. Sein Gehalt ist das eines Lehrers, nicht das eines Bankiers. Auch sein Freund verdient keine Riesensummen.

Sie reisen. Das ist eines ihrer größten Vergnügen. Nicht so lange und nicht so oft, wie sie gerne wollten, denn sie arbeiten viel. Sie gönnen sich ein Wochenende hier und da und steigen im ersten Hotel am Platze für dreihundertfünfzig Euro die Nacht ab. An einem Wochenende geben sie manchmal fast ein ganzes Monatsgehalt aus.

Ich beneide sie darum, dass sie eine solche Summe für eine Nacht im Hotel hinblättern können.

Ich schliefe schlecht, weil dieser Preis mir abverlangen würde, gut zu schlafen. Man müsste dort auch Sex haben, damit das Zimmer in Erinnerung bliebe, sich so erst rentieren würde. Der Druck nähme mir die Lust.

Ein so hoher Preis für eine Nacht erscheint mir wahnsinnig. Man kommt am Nachmittag an, macht einen Spaziergang im Ort, wo man zum Abendessen bleibt, kommt gegen Mitternacht ins Hotel zurück, schaut noch die Nachrichten während man sich auszieht, man liest ein wenig, schläft ein, man wacht um zehn Uhr auf, um frühstücken zu gehen und hat kaum Zeit zu duschen gehabt: schon muss man das Zimmer räumen. Um wirklich etwas davon zu haben, sollte man mindestens zwei Nächte buchen: den Betrag verdoppeln!

Ich halte mein Geld lieber zusammen, um Wohnungen zu kaufen.

6

Eigentümerin

Alle sind sie sich einig: es wäre vernünftiger, uns zunächst einmal in dem Land, wo wir leben, einzurichten, bevor wir in dem Land, wo wir nicht leben, etwas kaufen. Wir hätten ja nicht einmal ein richtiges Zuhause. Ich würde den Sommer in Frankreich verbringen und mich auf Wohnungssuche begeben, während mein Mann wieder bei seinen Eltern in dem Backsteinhaus von New Jersey wohnen müsste.

Meine Überlegung ist eine andere: besser man beginnt mit dem Unnötigen, da sich das Nötige nötigenfalls ergibt. Falls wir uns als erstes etwas in New York kaufen, werden wir niemals das Geld für eine Wohnung in Paris haben.

Wir haben folgenden Plan: zuerst kaufen wir etwas in Paris. Dann, ein paar Monate später, sobald wir die Summe für die Starteinlage zusammen haben, etwas in New York.

Einige Opfer werden wir bringen müssen: den ganzen Sommer über getrennt leben, jeder bei den Eltern auf deren Kosten, damit die Monatsgehälter in voller Höhe auf unser Konto gehen können. Jeden Sou einsparen. Doch die Sache wird sich auszahlen.

Wir sind zwei junge Leute von gerade mal dreißig Jahren, die planen, in den beiden schönsten Städten der Welt fast gleichzeitig zwei Wohnungen zu kaufen. Wir reden nur noch über Geld.

Vor ein paar Jahren traf ich bei einem Colloquium auf die strahlende Erscheinung einer jungen Frau, die den Hauch von Lust und Parfum verströmte. Nicht nur schön, auch reich: sie besaß mehrere Wohnungen im Marais.

Ein familiäres Vermögen? Sie ist in Lachen ausgebrochen: von ihren Eltern hätte sie nie einen Sou bekommen. Es wäre sehr einfach, mit Immobilien Geld zu machen. Man müsste nur drauf kommen. Sie habe mit einem kleinen »Chambre de bonne« angefangen – über Kredit gekauft, mit ein paar Freunden wieder in Schuss gebracht und durch Vermietung abbezahlt. Dank der Preissteigerung für Immobilien habe sie es dann wesentlich teurer wieder verkauft und ihren Gewinn gleich in den Kauf von zwei anderen Apartments investiert, deren Vermietung den Kaufbetrag wieder hereingebracht und ihr die Einlage für eine Dreizimmerwohnung finanziert habe, und so weiter. Sie lebe ohne Miete zu zahlen bei einem Mann, doppelt so alt wie sie, ein väterlicher Liebhaber, schreibe ihre Diplomarbeit und verwalte ihre Wohnungen.

Ich lausche dieser jungen Frau, ich höre ihr Lachen, ich schaue auf ihre schwere braune Haarpracht, ihren sinnlichen Mund, ihre langen schlanken Beine und ihre Schuhe, deren hohe Absätze auf dem Parkett des Seminarraums klappern, ich, die ich im Leben immer nur flache Schuhe getragen habe. Ich bin fünfundzwanzig und lebe bei meiner Großmutter. Ich fühle mich wie ein dummes Schulmädchen, kümmerlich und zurückgeblieben.

In Paris habe ich immer bei anderen gelebt: in einem »Chambre de bonne«, das Pierre gemietet hatte; in den jeweiligen Wohnungen meines Freundes; in einem Apartment in der Vorstadt, das Papa mir kostenlos überlassen hat; in Großmutters Wohnung in der Vorstadt, wenn sie im Krankenhaus war. Außerstande, eine Wohnung zu nehmen, die mir gefiel, und dafür Miete zu bezahlen, wo ich doch gratis unterkommen konnte. Außerstande, die Nabelschnur zu kappen. Außerstande, dem Sparen zu entsagen.

Die Pariser Wohnung kaufe ich mir zum Trotz: trotz meines Geizes, trotz meiner Angst für mich aufzukommen. Es ist eine Herausforderung, die ich an mich selber stelle: mir beweisen, dass ich das kann, dass auch ich Kühnheit und Vorstellungskraft besitze.

Ich den Nächten werde ich durch die alten Viertel flanieren, ohne in einem fort auf die Armbanduhr zu sehen, um die letzte Metro nicht zu verpassen; ich werde ins Restaurant gehen und mit Freunden zum Tanzen. Nach all den braven Studienjahren werde ich endlich die Jugend in Paris nachholen. Ich werde erwachsen werden, eine Persönlichkeit, mich emanzipieren, mein Elternhaus verlassen. Ich werde die Erfahrung einer Freiheit machen, die sich merklich in meinem Schreiben niederschlagen wird.

Ich werde meinen festen Platz in Paris haben und dessen Eigentümerin sein, weil ich es nun einmal nicht fertig bringe, mein Geld für Miete auszugeben, die nicht unbedingt nötig ist.

Ja, Geld, das man in den Kauf einer Wohnung steckt, ist niemals verloren: es ist eine Investition.

Mit klarer lauter Stimme formuliere ich meine Beweggründe von symbolischer Tragweite: eine Wohnung in Paris wird mein Anker sein, der mich wieder an Frankreich bindet, das ich verlassen habe, um einen Amerikaner zu heiraten.

Es gibt auch etwas, das ich nicht sage: ich will nicht, dass *mein* Geld nach New York fließt und *unser* Geld wird.

Ehevertrag. Das Wort, als ich es zum ersten Mal hörte, erschien mir so molièresk, dass ich laut auflachen musste.

Kann man denn über Geld sprechen, wenn man aus Liebe heiratet?

Die Pariser Wohnung wird also *unsere* Wohnung sein. Ich lasse vom Notar einen Zusatz anfügen: vierhunderttausend Francs stammen aus vorehelichen Ersparnissen und von einer Erbschaft, wären also mir persönlich zuzuschreiben. Das könnte im Zweifelsfall bewiesen werden.

Im Zweifelsfall. Worte, die Misstrauen oder Großzügigkeit bedeuten.

Die Dinge haben ein wenig Schaden genommen, bei uns. Durch die ständigen Diskussionen über Kredite und Wohnungen haben wir kaum noch miteinander geschlafen.

Dieser Mann, der mir vom Nimbus des Geldes umgeben erschien, ist wieder, kurz nachdem ich ihn geheiratet habe, zum Studenten geworden. Ich halte ihm jede Rechnung unter die Nase, die ich aus meiner Tasche bezahle.

Überhaupt, was weiß man schon über den Mann, mit dem man zusammenlebt. Das Echo gewisser Zeitungsmeldungen kommt zu mir zurück: Ehemänner, die mit der Haushaltskasse durchbrennen; verantwortungslose Glücksspieler, die ihrer Familie den Boden unter den Füßen wegreißen …

Mit der Wohnung in Paris sichere ich mein Rückzugsgebiet.

In jenem Sommer packt mich das Immobilien-Fieber. Stundenlang studiere ich die Anzeigen in *Von Privat für Privat*, wochenlang laufe ich quer durch Paris von einer Bruchbude zur nächsten und ziehe nächtelang in Wohnungen ein, deren virtueller Besitz mich so erregt, dass ich nicht mehr schlafen kann.

Die Wohnungen in meiner Preisklasse sind, natürlich, alles Bruchbuden. Oder modern und hässlich, in Betonhochhäusern aus den sechziger Jahren. Dann schon lieber alt und gammelig. Etwas, das auf den ersten Blick zurückschrecken lässt und dem intelligenten Investor, der ich bin, eine hohe Marge ermöglicht.

Am Ende finde ich sie, meine günstige Gelegenheit.

Die Annonce enthielt jenes Wort, das wie Musik in meinen Ohren klingt: »Renovierungsbedürftig.«

Dem Metroschacht entstiegen finde ich mich auf einem reizenden, im Halbschatten liegenden Platz wieder und habe eine gute Vorahnung, die sich, als ich die Wohnung sehe, in reine Freude verwandelt. Geräumig für ihre achtundvierzig Quadratmeter – zum ersten Mal, dass ein Eigentümer bei der Flächenangabe nicht gelogen hat –, sehr hell und, abgesehen von den Balken, völlig heruntergekommen: seit vierzig Jahren ist hier kein Finger gerührt worden. Alles muss neu gemacht werden. Ich versuche dem Eigentümer meine Erregung zu verbergen, ein schüchterner junger Mann, der nicht wirkt, als wäre er über die marktüblichen Preise auf dem Laufenden. Als ich zur Metro zurückgehe, versetzt mich der schwindelerregende Gedanke, dass ich diesen lauschigen Platz als Eigentümerin überqueren könnte, in einen süßen Rausch.

Beim dritten Besuch kann ich nicht mehr widerstehen.

Nun, da sie mir gehören, erscheinen sie mir äußerst schäbig, diese drei kleinen heruntergekommenen Zimmer. Es beginnt die Zeit der Renovierung. Sobald ich die Wohnung betrete, krampft sich mein Herz zusammen.

Der Bauunternehmer empfängt mich mit düsterer Miene. Jedes Mal eröffnet er mir eine neue Entdeckung. Hier senkt sich der Balken, da gibt die Wand Feuchtigkeit ab. Solch eine verzogene Wohnung hätte er noch nie gesehen, nicht ein einziger rechter Winkel. »Sie können sich glücklich schätzen, dass ich den Kostenvoranschlag unterschrieben habe: es wird mich wesentlich teurer kommen als vorgesehen!«

Sein Gerede strengt mich an. Man sollte ihm Anerkennung zusprechen, ihn mit Lächeln und Komplimenten belohnen und damit ganz entschieden das eigene Gutdünken signalisieren. Ich schaffe es nicht. Ich habe ständig das Gefühl, dass er mich übers Ohr haut. Die Vorstellung in die Wohnung zu gehen und mich weiter gegen ihn behaupten zu müssen: ein Albtraum.

Er hat beschlossen, dass man eine separate Heizungsanlage einbauen muss, denn das ist seine Spezialität. Ich sehe ihm zu, wie er die Heizungsrohre nach Kurven und Winkeln zusammenschweißt und die Wände aufbohrt, um die Rohre zu verlegen. Es scheint mir ein Kinderspiel zu sein. Das würde ich gern können. Alles selber machen. Nur das Material bezahlen.

Der Anstrich ist nicht in der Abmachung enthalten und ich lasse Handwerker kommen, die einen Preis veranschlagen, dass mir die Haare zu Berge stehen. Ich kann nicht glauben, dass Wände weiß streichen so teuer sein soll. Weil alles verputzt werden muss: nachdem ich die Tapeten abgelöst habe, sieht man die ganzen Risse und Unebenheiten an meinen Wänden.

Eine Freundin, der Himmel schickt sie, gibt mir die Nummer von Bogdan.

Bogdan: ein Albaner um die fünfzig, dessen freundliche und zuvorkommende Erscheinung mir gleich sympathisch ist. Er schaut sich meine Wände an. Ich erwarte sein Urteil mit Ungeduld.

»Kein Problem«, übersetzt mir Bogdans Sohn, ein gänzlich assimilierter Jugendlicher. Ich atme auf. Das sei in einer Woche erledigt. Ich frage nach dem Preis. Vater und Sohn diskutieren kurz. »Dreihundert Francs pro Tag«, antwortet der Sohn. Ich unterdrücke mein Lächeln, das mir die Augen leuchten lässt. Selbst wenn er zehn Tage benötigt, wird es nicht mehr als dreitausend Francs kosten. Bei den Unternehmen lag das Minimum bei fünfzehntausend. Am liebsten würde ich Bogdan um den Hals fallen. Ein Hoch auf die Emigrantengesetze, die erlauben, dass man sich Albaner ohne Papiere zunutze macht.

Der Bauunternehmer hat seine Arbeiten abgeschlossen und Bogdan kann beginnen. Ich fahre nach New York zurück, wo mein Mann mich erwartet.

Ich ziehe mit in das Apartment ein, das er seit zwei Monaten gemietet hat. Wir sind im Herzen der Stadt, in unseren vier Wänden, nur ein kleiner Raum, fast nichts, was uns gehört. Oh wunderbare Schwerelosigkeit. Paris, der Bauunternehmer, die Heizungsanlage, die Balken, die sich biegen, Bogdan, der Anstrich – wie weit das alles weg ist! Ich will nichts davon hören. Es soll sich alles ohne mich regeln, wie von Zauberhand, während mein Geist anderswo verweilen kann, zur Ruhe kommt, beim Schreiben.

Wir werden selten so glücklich gewesen sein, wie in dem kleinen Apartment von New York.

Ein Jahr später fange ich das noch einmal an. Ich fahre mit dem Rad durch Manhattan, von Wohnung zu Wohnung, auf der Suche nach einer günstigen Gelegenheit.

Eine hat uns betört. Riesengroßes Wohnzimmer, lichtdurchflutet, wunderschöne Holzbalken, großer Kamin, hohe Decken, breite Fenster, die den Blick auf Bäume freigeben. Luxus, Eleganz, Großzügigkeit. Das ursprünglich europäische Blut in den Adern meines Mannes regt sich. Wenn das unser Zuhause würde?

Es ist Wirtschaftskrise und diese Wohnung ist nicht teurer als andere auch. Der Eigentümer will schnell verkaufen: wir kommen gerade im rechten Augenblick. Kaum auf der Straße unterbreiten wir völlig aufgeregt dem Makler unser Angebot.

All diese Käufe, all diese kapitalistischen Summen. Unsere Freunde wundern sich, lachen, regen sich auf: Eigentümer von zwei Wohnungen, eine in Paris, die andere in New York! Mit gerade mal zweiunddreißig Jahren! *Come on, give me a break!* Sie machen sich über uns lustig, bewundern uns, beneiden uns. Und sind begeistert, wenn sie erst das Haus und dann unsere Wohnung betreten: Großartig! Wieviel? Was? Mehr nicht?

Denn ich nenne den Preis sofort; füge hinzu, dass wir einen Kredit mit einer Laufzeit von dreißig Jahren aufgenommen hätten, mit solch hohen Raten, dass wir gerade über die Runden kämen. Nur weil wir diese wunderschöne Wohnung besitzen, soll keiner denken, dass wir reich wären.

Wir lachen am Tag des Einzugs, als wir uns in unserem Zuhause, in unserem riesengroßen Wohnzimmer zwischen ein paar Kartons wiederfinden. Wir können es fast nicht glauben. Wir sind sehr mit uns zufrieden. Das haben wir meisterhaft hinbekommen. Zweifache Eigentümer. Zwei erstklassige Geschäfte. Und nichts leichter als das. Ein bisschen Vorstellungskraft und Geschäftsgeist genügen. Wir haben die Rezession für uns arbeiten lassen. Wir haben jahrelang den Gürtel enger schnallen müssen, aber es war den Coup wert. Endlich kann zwischen Paris und New York das richtige Leben beginnen.

Die Pariser Wohnung vermiete ich, wenn ich nicht da bin, damit sie sich auszahlt.

Vermieten ist nicht frei von Sorgen.

Jeden Sommer, wenn ich zurückkehre, informiere ich mich bei den Nachbarn, ob alles gut verlaufen ist. Sagt man mir, dass mein Mieter ruhig und reizend war, möchte ich ihm am liebsten gute Zensuren nach Hause schicken. Extreme Beunruhigung hingegen, wenn die alte Nachbarin von meiner Etage mich fragt: »Waren es Pizza-Boten, an die Sie Ihre Wohnung vermietet haben?« – »Pizza-Boten? Nein, an zwei Studenten! Warum?« – »Ich dachte nur. Man sagte mir, sie würden des Nachts Pizza ausliefern. Ich persönlich habe nichts dagegen. Mich hat das garnicht gestört, denken Sie das nicht! Ich arbeite ja nicht, ich kann mich den ganzen Tag lang erholen!«

Die Suche nach einem Mieter macht mir große Angst. Ich denke, niemand wird meine Wohnung wollen. Ich sehe nur noch diese kleinen Mängel, durch die ich den Kaufpreis herunterhandeln konnte. Ich sehe nur noch Argumente, die Wohnung nicht zu wollen. Ich hasse sie. Am liebsten würde ich sofort verkaufen, egal zu welchem Preis, nur um diese Sorge los zu sein. Ich schlafe nicht mehr. Mein Mann erinnert mich daran, dass es jedes Jahr dasselbe sei, und jedes Jahr würde ich einen Mieter finden. Und wenn schon, sollte ich keinen finden, wäre das auch kein Drama: die Wohnung könnte durchaus ein Jahr leer stehen.

Oh nein, das kann sie nicht! Dieser Gedanke ist mir unerträglich.

Am Telefon oder per Email äußern mein Mieter und ich den dringlichen Wunsch, uns persönlich kennen zu lernen.

Findet das Treffen statt, ist es mir unangenehm, diesen mir fremden, unrasierten Typ in meiner Wohnung zu sehen, der die Möbel verstellt und seine Sachen ausgebreitet hat, als wäre er hier zu Hause. Er lächelt mich fortwährend an: ich bin die Eigentümerin.

Wenn ich im Sommer meine Wohnung betrete, spüre ich neue Mängel auf.

Normalerweise ist sie sauber und in Ordnung: meine Mieter wollen ihre Kaution zurück.

Ich untersuche Zimmer für Zimmer. Schön ist es bei mir. Man fühlt sich wohl. Wenn ich, ein Buch auf dem Schoß, im Wohnzimmer sitze, betrachte ich mit Eigentümerwohlgefallen meinen Kamin aus Marmor, meine Regale, meinen schrägen, in der Sonne leuchtenden Balken. Mein Blick schweift an die Decke und ein Stich jagt mir ins Herz: ein großer Riss – nein, drei, die waren letztes Jahr noch nicht da.

Meine Aufenthalte in Paris vergehen damit, dass ich vom Klempner zu Ikea rase, mich mit dem

Anstreicher und dem Elektriker in Verbindung setze, den Geyser überprüfen lasse, die Reparatur der Wasserspülung in Auftrag gebe, neues Geschirr oder einen Staubsauger kaufe, mir die Beschwerden der Nachbarn anhöre, Rechnungen bezahle, aufräume, abstaube, abreibe, abkratze abschraube, überstreiche, überlackiere, gründlich sauber mache, die Wohnung für den neuen Mieter herrichte.

Ausstellungen besuche ich keine mehr.

Wenn ich durch das Viertel gehe, halte ich den Blick nach vorn gerichtet: die Schilder »Zu verkaufen« in den Fenstern der Häuser machen mir Angst. Natürlich, alle wollen sie das Schiff vor dem Untergang verlassen: der Charme des Viertels ist im Verfall begriffen und die Häuser sind auf Schweizer Käse gebaut. Die Schilder »Verkauft« erwärmen mir das Herz. Ah, man kauft noch in diesem Viertel, es ist noch attraktiv.

Ich bin viel in meiner Wohnung, nur ich lebe dort nicht. Ich schreibe dort nicht. Weder habe ich die nötige Zeit, noch die entsprechende Stimmung. Zu viel um die Ohren.

Meine Aufenthalte in Paris werden weniger wie Schnee in der Frühjahrssonne: ich bin nicht fähig, auf das Vermieten zu verzichten.

Ich kann Paris nicht mehr leiden: ich tue nichts, außer mich um meine Wohnung zu kümmern.

Ich mag die Wohnung nur, wenn sie Geld einbringt, das die anstehenden Arbeiten finanziert und meine Ersparnisse anwachsen lässt.

Verkaufen: der Wunsch kommt mir bald. Mich von dieser Bürde befreien, die Freude wiederfinden, durch Paris zu flanieren, die Leichtigkeit, den inneren Freiraum, den ich zum Schreiben brauche.

Ist es der richtige Moment zu verkaufen? Die Preise sind niedrig. Und man sagt, dass Eigentum immer noch die sicherste Anlage sei.

Intelligenter wäre es von der Rezession zu profitieren und noch eine Wohnung zu suchen, eine, die nicht den prinzipiellen Mangel der meinigen aufweist: ihren dezentralen Standort. Das Herz von Paris ist erschwinglich, ich wäre dumm, die Gelegenheit nicht zu ergreifen.

Ganz zufällig kaufe ich *Von Privat für Privat.* Ich sehe mir Wohnungen an und finde gleich genau das richtige: eine kleine Zwei-Zimmer-Wohnung unter dem Dach in einer Fußgängerstraße gleich hinter Saint-Eustache. Im Herzen der Stadt. In der fünften Etage und ohne Fahrstuhl, aber die Treppe steigt man leicht hoch. Hübsch, hell und so preiswert. Ich sehe mich dort leben. Das Licht dringt von allen Seiten durch die verglasten Schrägen ein. Eine grenzenlose Freude überkommt mich bei der

Idee, diese Wohnung zu besitzen, so nah an der Metro-Station Chatelet, wo sich alle Linien kreuzen.

Da ich am nächsten Tag abreise, muss ich mich schnell entscheiden. »Vertrauen Sie auf Ihren Instinkt«, sagt mir die Eigentümerin. »Sie gefällt Ihnen, also zögern Sie nicht. Sie zu vermieten wird kein Problem sein.«

Ich glaube es. Vermietung, der goldene Schlüssel für Immobilien-Investitionen. Man wird sich um diese Wohnung reißen. Ich kann sie sehr teuer vermieten. Ein intelligenter Kauf. Es gibt Haken, natürlich, aber so schön und zentral werde ich zu diesem Preis nie mehr wieder etwas finden. Ich bin auf den Idealfall von Eigentümern gestoßen, die dringend Bargeld benötigen, weil sie gerade im Begriff sind, etwas anderes zu kaufen: sie verschleudern.

In zehn Jahren werde ich meinen Kredit zurückgezahlt haben. Die beiden Wohnungen werden meine finanzielle Unabhängigkeit absichern. Mein Mann, immer ein verlässlicher Ratgeber, hält es für einen guten Plan.

Ich reise ab, ohne unterschrieben zu haben. Ich flüchte.

Während der sechzehn Stunden im Flugzeug drehe und wende ich mich auf meinem Sitz hin und her und kann trotz des Mittels, das ich eingenommen habe, nicht schlafen, im Geiste immer noch nach der günstigen Gelegenheit greifend, die mir entgangen ist, während in meinem Kopf die Worte tönen: »Mein kleiner Lichthof.«

Tag und Nacht denke ich daran. Ich weine sogar. Mitten in der Nacht wache ich auf, voller Gram. Wie konnte ich mir nur so eine günstige Gelegenheit entgehen lassen? Meine Energie, meine Vorstellungskraft, mein Unternehmergeist, wo sind sie hin?

Von meinen Eltern habe ich zwei gegensätzliche Leidenschaften geerbt: von meinem Vater die Leidenschaft für Objekte, für Listen, für Einrichtung, für Organisation, für Kalkulation, für Investition, für Besitz. Von meiner Mutter: den Hass auf das Materielle.

7

Schreiben

Manchmal frage ich mich, ob ich nicht auch aus Geiz schreibe. Damit nichts verloren gehe. Um zu recyceln, alles, was mir widerfährt, zu verwerten. Um meine Vergangenheit zusammenzutragen, sie als eine Reserve klingender Münze anzulegen. Um dort eintreten zu können wie in eine Schatzkammer und meine Goldstücke zu betrachten. Um zu investieren und mein Kapital von Empfindungen und schmerzlichen Erfahrungen Früchte tragen zu lassen.

Und auch: weil es nichts kostet. Weil man fast überall schreiben kann und das umsonst. Weil ich, wenn ich schreibe, nur meine Zeit aufwende und nur mir selbst unterworfen bin.

Nichts als Zeit und Tinte: minimal. Meinen Federhalter, der beim Schreiben schmiert, betrachte ich noch als neu, so wie Onkel Dagobert seine Jacke, die gerade erst zwanzig Jahre alt ist. Papier: in den USA die billigen gelben Blöcke, in Prag die kleinen, bestens geeigneten Hefte zu acht Kronen das Stück (fünfundzwanzig Cent), das Papier für den Drucker, kostenlos von meiner Arbeitsstelle oder der meines Mannes an der Universität mitgenommen. Schließlich das unabdingbare Arbeitsinstrument, der Computer: auch den finde ich gebraucht. Hauptsache, er funktioniert. Ich schreibe auf einem alten Laptop, das ich für gerade mal hundert Dollar gekauft habe. Es war drei Jahre lang ein Leihgerät. Die Festplatte macht ein merkwürdiges Geräusch. Wie sagte mir die Verkäuferin: es hält solange, wie es hält. Seit fünf Jahren hält es nun.

Die einzige Ausgabe, die nicht einzuschränken ist: die Tinte für den Desk-Jet-Drucker. Dreißig Euro die Patrone, die für tausendfünfhundert Seiten ausreicht. Ich reduziere die Ausdrucke, gewöhne mir an, bis zum letzten Stadium des Buches auf dem Bildschirm zu lesen.

Auch Wörter spare ich ein. Ich befürchte immer, zu viele zu benutzen. Mein Stil ist sparsam. Abschweifungen sind mir ein Greuel. Ich gehe auf direktem Weg meinem Ziel entgegen. Ich grabe mich in mein Thema wie ein Bohrer.

Ich würde gern Romane voll großer Gefühle schreiben, die die Menschen zum Weinen bringen. Aber ich entdecke beim anderen gleich dessen niederste Gedanken. Selbst mein Bild von der Welt ist das einer Geizigen: ich betrachte die Menschen von ihrer kleinen Seite.

Schreiben ist Magie. Ich kann mich noch so hingeben, ich gebe nichts her. Im Gegenteil, je mehr ich mich hingebe, desto mehr kann ich anlegen. Ich bin woanders. Nicht die, die ausgebeutet wird, sondern die, die ausbeutet: eine anonyme, unsichtbare Spekulantin.

Nicht einmal der Verlust ist ein solcher: bei dieser Spekulation kann man nur profitieren. Das Leiden ist die erste Zutat. Negatives wird vom Schreiben zum Positiven verwandelt.

Für mich die einzige Art zu leben.

Nichts und niemand kann da heranreichen: an mein Vergnügen, schreibend zu sparen.

Jeden Morgen sitze ich an meinem Schreibtisch, allein, vor dem Fenster, hinter dem Computer und kultiviere meinen Wörtergarten.

Inhalt

Das Buch erscheint im Rahmen des Förderprogramms
des französischen Außenministeriums,
vertreten durch die Französische Botschaft in Berlin.
Cet ouvrage, publié dans le cadre du programme de
participation à la publication,
bénéficie du soutien du Ministère des Affaires
Etrangères, représenté par le Service culturel de
l'Ambassade de France à Berlin.

1. Auflage 2003

edition ebersbach
Droysenstr. 8, 10629 Berlin
www.edition-ebersbach.de

(Titel der Originalausgabe: *Confessions d'une radine*)

Umschlaggestaltung: Beate Klauder, Esslingen
Satz und Layout: Alexander Görlt, Berlin
Druck und Bindung: Tiskarna Ljubljana, Slowenien

ISBN 3-934703-61-5